MARCO ALDAG
ENDLICH
MEINS!

W0058743

MARCO ALDAG

ENDLICH MEINS!

Der clevere Ratgeber
zum Eigenheim

FinanzBuch Verlag

Bibliografische Information der Deutschen Nationalbibliothek
Die Deutsche Nationalbibliothek verzeichnet diese Publikation in der Deutschen Nationalbibliografie,
detaillierte bibliografische Daten sind im Internet über **http://d-nb.de** abrufbar.

Für Fragen und Anregungen:
aldag@finanzbuchverlag.de

1. Auflage 2011

© 2011 FinanzBuch Verlag, ein Imprint
der Münchner Verlagsgruppe GmbH
Nymphenburger Straße 86
D-80636 München
Tel.: 089 651285-0
Fax: 089 652096

Lektorat: Moritz Malsch, Buch Concept
Satz: HJR, Manfred Zech, Landsberg am Lech
Korrektorat: Silke Grauenhorst
Druck: Konrad Triltsch, Ochsenfurt
Umschlagfoto Marco Aldag: Brian Schutza, New York
Umschlagabbildungen: Marco Aldag Medienproduktion

ISBN 978-3-89879-651-4

Weitere Infos zum Thema
www.finanzbuchverlag.de
www.facebook.com/endlich.meins
Gerne übersenden wir Ihnen unser aktuelles Verlagsprogramm

INHALTSVERZEICHNIS

EINLEITUNG

Meine gespeicherte Suche im Internet sendet mehrmals am Tag Mails: »2 neue Immobilienangebote zu Ihren Suchkriterien«, »25 neue Immobilienangebote zu Ihren Suchkriterien« – aus Berlin kommen grundsätzlich mehr Angebote als aus Hamburg oder Köln.

Diese drei Städte beobachte ich seit fast zwei Jahren, mehr als 80 Wohnungen habe ich mir angesehen. Und das kann anstrengend sein.

Sie suchen eine Wohnung:

Morgens um 9.30 Uhr der erste Besichtigungstermin, dann um 11 Uhr, um 12 Uhr – vielleicht um 13 Uhr noch und dann wieder um 17 oder 18 Uhr. Es ergibt sich immer dasselbe Bild: Man trifft den Makler vor dem Haus, kurz vorher vielleicht eine SMS: »Hallo Herr Aldag, bleibt es bei unserem Termin? Ich bin in der Stadt unterwegs und verspäte mich um 10 Minuten« – »Ja, es bleibt dabei, bin schon da – M. Aldag«.

Das bedeutet Stress:

So gibt es eine Verschnaufpause zwischen Wohnungsbesichtigung, Zur-U-Bahn-Hechten sowie der Suche über Google Maps, wo die nächste Wohnung liegt, um dann im wackelnden U-Bahn-Zug irgendein Brötchen zu kauen oder im Vorüberlaufen einen Kaffee zu kaufen. Die einzige Abwechslung besteht darin, nachzuzählen, wie viel Geld ich für Tickets verfahren habe. Schon zweimal bin ich wegen Schwarzfahrens erwischt worden, und ob ich es heute schaffe, mit nur zwei Händen den Kaffee nicht über die Hose zu kippen, während ich das Zuckerteilchen aus der Papiertüte vom Bäcker verschlinge, ist ungewiss. Sie kennen das – parallel dazu klingelt das Telefon wie eben an einem normalen Geschäftstag, und vor allem kreisen im Kopf die Zahlen von meinem Bankkonto sowie die Ansprüche meiner Bank an mein neues Objekt. Und da sind wir schon beim Thema – genau da, wo ganz viele Menschen sich einfach ausklinken und es gar nicht für möglich halten, sich jemals eine Eigentumswohnung anzuschaffen.

Das Budget ist begrenzt:

»Was du machst, ist zu bewundern«, meinte eine Freundin nach meinem ersten Dachbodenkauf. Also, für so wenig Geld eine Wohnung zu kaufen – das sei doch »Kraddlerei«, ließ mein Geschäftspartner aus Bayern mich wissen: »Für 35 000 Euro kaufst du ein nicht ausgebautes Dach? Das ist doch völlig verrückt«, meinte ein guter Freund. »Ha ha – und jetzt wirst du eine Wohnung sanieren, na – wie oft sehen wir dich dann noch auf dem roten Teppich?«, nervte eine Freundin, die oft genug vom Finanzamt gejagt wird, weil sie einfach ihre Vorauszahlungen und Vorsteuerbeträge nicht leisten kann, da der Steuerberater keine Belege hat, alles richtig zu berechnen; denn sie verliert immer alle Quittungen oder lässt sie im Taxi liegen. Sie fährt aber auch nie Fahrrad, um Geld zu sparen. Sie wird inzwischen vom Taxifahrer geweckt, der sie dann zum Job fährt. Party hier, Champagner da … Doch eines Tages saß auch sie auf meiner Dachterrasse und sinnierte gemeinsam mit Freunden über das Für und das Wider eigener Wohnungen.

Ein Freund sucht nun schon seit drei Jahren nach einem passenden Objekt, aber irgendwie ist die Lage immer nicht das, was er sucht für seine Familie – außerdem fehlt auch der Aufzug. Auch die Taxi-Freundin muss auf jeden Fall einen Aufzug haben. Ein anderes befreundetes Pärchen, beide Unternehmensberater, sucht eine gemeinsame Wohnung, aber auf keinen Fall wollen sie irgendetwas selbst machen. Unter uns gesagt verrate ich hier, dass sie es wohl auch gar nicht könnten. Denn wer den Unterschied zwischen Schlitz- und Kreuzschraubenzieher nicht kennt … nun ja. In diesem Fall wird die Bank glücklich sein, wenn sich dieses Pärchen entschließt, eine Wohnung zu kaufen. Ich sage einen Beleihungsansatz von 80 bis 100 Prozent voraus.

Bei der Taxi-Freundin sehe ich Ansätze zur Besserung. Beim letzten Umzug habe ich ihr gezeigt, wie man durch sauberes Abkleben der Fußleisten, Fenster und Türrahmen eine ganze Menge Arbeit spart. Sie hatte richtig Spaß beim Streichen ihrer Wände in feurigem Rot. Hier sehe ich einen Beleihungsansatz von ca. 80 Prozent, 20 Prozent hat sie dann sozusagen schon verdient. Und 20 Prozent macht bei einer Wohnung mit einem Wert von 200 000 Euro immerhin 40 000 Euro aus!

Ein anderer Freund ist in der Lage, auf einen Beleihungsansatz der Bank von nur 30 Prozent zu kommen: Er kann mit Handwerkszeug umgehen, teilt sich seine Zeit frei ein, kennt den Unterschied zwischen Außen- und Innendämmung. Es macht ihm Spaß, in Baumärkten zu stöbern. Er wird lernen, ob ein Parkett »schwimmend« verlegt oder »verklebt« wird, und er wird merken, wozu ein »Kuhfuß« gebraucht wird. Oder gar, warum ein Gaze-Band beim Spachteln von Rigipsplatten eingelegt werden sollte. Ein niedrigerer Beleihungssatz (der Prozentsatz des Immobilienwertes, den die Bank als Kredit vergibt) hat den Vorteil, dass das Risiko für die Bank geringer ist und sie deswegen vom Kreditnehmer geringere Zinsen verlangt.

Ich schaffe mir einen Wert:

Nehmen wir an, Sie erben eine Immobilie oder Sie bekommen sie geschenkt, dann können Sie eine Hypothek eintragen lassen. Zugrunde gelegt wird immer ein Wertgutachten eines staatlich zertifizierten Immobiliengutachters. Und hier liegt das Geheimnis meines Buches: Wie schaffen Sie sich selbst einen Wert, und zwar einen bleibenden Wert, der sogar mit Teuerungsraten sowie Immobilienpreisen normalerweise jährlich steigt, ohne dass Sie umziehen der Ihre Immobilie verkaufen müssen, um den Betrag zu realisieren.

Ich nehme alle Hürden:

Wenn Sie eine Immobilie kaufen möchten, gehe ich davon aus, dass Sie eine Bank bezüglich einer Finanzierung befragen. Diese arbeitet seit der Krise mit extrem verschärften Bedingungen: Von einem Wertgutachten werden zur Absicherung gegen Marktschwankungen bis zu 15 Prozent pauschal abgezogen. Notar und Grunderwerbsteuern werden grundsätzlich nicht finanziert. Es zählt maximal der Kaufpreis, und von diesem werden ohne aktuelle Einkommensunterlagen nur 60 Prozent angerechnet.

Jetzt muss ich Ihnen Zahlen vorlegen, so dass Sie deutlich sehen, worauf ich hinaus will:

geplanter Kauf einer Immobilie: 200 000 Euro

Grunderwerbsteuer / Notar/ Makler ca. 10 %: 20 000 Euro

Schönheitsreparaturen ca. 5 %: 10 000 Euro

Rechnung 1: solides Einkommen, voll finanzierungsfähiger Kredit:

Die Bank geht von einem Beleihungswert von 200 000 Euro aus. Wenn Sie alle Einkommenszahlen vorlegen und sich daraus ergibt, dass Sie Ihren persönlichen Bedarf (Auto, Versicherungen, Lebensunterhalt, Verbindlichkeiten etc.) locker monatlich decken können und dennoch genügend übrig bleibt, um Raten für Ihre neue Immobilie zu zahlen, dann finanziert Ihre Bank zu einem Zinssatz X mit 80 Prozent des Beleihungswertes: 80 Prozent Beleihungswert von 200 000 Euro, macht 160 000 Euro. Mit Grunderwerbsteuer, Notar, Makler, kleinen Reparaturen etc. müssen Sie Gespartes von ca. 70 000 Euro vorweisen – das ist viel Geld.

Rechnung 2: wechselndes Einkommen, vielleicht Selbstständigkeit, steuerlich diffuses Umfeld:

Nun rechnen wir mal das Ganze mit einem niedrigeren Beleihungswertansatz, weil Sie vielleicht nicht alle Einkommensunterlagen lückenlos vorlegen können und sich eventuell auch nicht in der »Norm« für Lebensunterhaltausgaben, Autopauschalbeträgen etc. bewegen: In diesem Fall geht die Bank von einem Beleihungswert von ca. 60 Prozent aus. Sie müssen also 40 000 Euro mehr an Gespartem aufbringen, nämlich 110 000 Euro, um überhaupt an einen Immobilienkauf zu denken. Bei einer Berliner Miete von ca. 700 Euro netto sind das 157 Monate, die Sie für diesen Betrag zur Miete wohnen könnten – und die volle Flexibilität der Lebensumstände bleibt gegeben. Beispiel Hamburg, hier gehen wir mal von 1500 Euro netto für Miete aus – Sie könnten für diesen Betrag alternativ also 73 Monate zur Miete wohnen.

Ganz schnell wird deutlich, warum Sie bisher meinten, sich niemals eine eigene Wohnung oder ein Haus anschaffen zu können, da Sie ganz einfach nicht in die Vorstellungen der Banken passen. Nicht über ein Einkommen verfügen, wo Ihnen Beleihungswertansätze egal sein können und Abschläge hier und da gar nicht auffallen würden! Ich kann Sie gut verstehen. Aber lassen Sie uns einmal darüber nachdenken, wie die Rechnung aussieht, wenn Sie alle aufgezeigten Kostenpunkte sowie Abschläge, sogar Beleihungswertansätze für sich nutzen: Finden Sie eine Immobilie, für die ein Gutachter Ihnen einen Wert von 200 000 Euro bescheinigt, und rechnen Sie sozusagen »rückwärts«.

> **➤ TIPP**
>
> *Nutzen Sie die Hürden der Bank für die Sicherung Ihrer eigenen Zukunft. Überlegen Sie nicht, wie Sie jede einzelne Hürde meistern und überspringen können, betrachten Sie die »Hürden« als Ihren ganz persönlichen Schutz, den Sie auf ihrem Lebensweg hinter sich aufstellen!*

Warum sollen Sie wie ein Kaninchen im Rad laufen – mit dem Wissen, dass das Rad nicht aufhören wird, sich zu drehen? Muss eine Wohnimmobilie Stress bedeuten? Müssen Sie Angst haben, im Alter Ihre vier Wände verlassen zu müssen, um Rechnungen zu bezahlen? Warum stressen, wenn Sie Ihre Immobilie nutzen, um sich gegen Unsicherheiten zu schützen, und dadurch sogar unangreifbarer werden, weil Sie sich eine finanzielle Sicherheit geschaffen haben, die im Laufe der Jahre wächst!

Ich gebe zu, dafür müssen Sie sich etwas Arbeit zumuten, auch einige Baumärkte besuchen und sich vielleicht ein dickeres Fell zulegen – aber das werde ich hier alles noch ausführen.

Entscheidend ist der Unterschied zwischen Wertgutachten und Kaufpreis.

Rechnung Nr. 3: Egal, was Sie verdienen, entdecken Sie die Lust am Leben in der eigenen Wohnung!

Wertgutachten Immobilie:	200 000 Euro
Kaufpreis:	100 000 Euro
Grunderwerbsteuer / Notar / Makler ca. 10 %:	10 000 Euro
Schönheitsreparaturen ca. 5 %:	5 000 Euro
Gesamtausgaben:	115 000 Euro

Auf den ersten Blick werden Sie sagen, dass es das doch nicht gibt. Dass das bestimmt unseriös ist, vielleicht gar nicht geht. Aber ich werde Ihnen belegen, dass es möglich wird! Das gibt es, wenn man über Monate morgens den Kaffee auf der Hose verschüttet, weil man in der U-Bahn von der einen Wohnungsbesichtigung zur nächsten fährt.

Also Schritt für Schritt: Vor der Tür wird man vom Makler begrüßt: »Guten Morgen, Sie sind Herr Aldag?« Aber für die Wohnungsbesichtigung brauchen Sie dann nur zehn Minuten, weil Sie in dieser Zeit Fragen gestellt haben, auf die Ihnen der Makler keine Antwort geben konnte. Der Makler merkt, dass Sie gar keine Lust haben, sich mit ihm zu unterhalten, weil er gar keine Ahnung hat von der Immobilie, die jetzt gerade zur Besichtigung ansteht. Damit haben Sie schon einmal etwa 30 Prozent der Maklerprovision gespart. Schließlich ist es Aufgabe des Maklers, sich vorzubereiten und das Objekt zu kennen.

Und so machen wir weiter, und ich zeige Ihnen, dass das folgende Beispiel in Hamburg sowie in Berlin, ebenso in Köln der Realität entsprechen kann. Vorausgesetzt, Sie kennen sich ein wenig aus und haben Lust – Lust auf das Leben mit einer eigenen Immobilie.

Wertgutachten Immobilie:	200 000 Euro
Eigenkapital:	20 000 Euro
Beleihungswertansatz der Bank 60 %:	120 000 Euro
minus Kaufpreis:	100 000 Euro
minus Grunderwerbsteuer / Notar / Makler ca.:	8 000 Euro

(Denn die ersten 2 000 haben Sie schon verdient: Jeder Makler wird Ihnen dankend entgegenkommen, wenn Sie bei einer Wohnung schnell zugreifen und er ein Objekt nicht sechsmal zeigen muss.)

minus Sanierungskosten:	12 000 Euro

Diese Summe ist wirklich variabel – je nachdem, wie weit Sie im Buch lesen, je nachdem, was Sie als zumutbar für sich selbst empfinden oder wie viel Lust Sie haben, selbst etwas zu machen. Oder ob Sie sich einfach auch mal zurücklehnen wollen und sich entscheiden etwas machen zu lassen. Für 12 000 Euro können Sie ein neues Bad einbauen, eine Küche sanieren oder neu erwerben sowie die Wohnung oberflächlich sanieren.

Und nun rechnen wir weiter: Der Gutachter bescheinigt Ihrer Wohnung einen Wert von 200 000 Euro. Hier bewege ich mich ganz sicher nicht im Luxussegment, aber alle Beispiele sind auf verschiedene Städte zu übertragen. Wir kommen zurück auf den Zinssatz X, den die Bank für Ihre Finanzierung verlangt. Bei einem Beleihungswert von 80 Prozent liegt dieser bei jeder Bank mindestens ein Prozent höher, als wenn Sie nur 50 oder 60 Prozent benötigen – in Rechnung 1 (Seite 11) leihen Sie sich 160 000 Euro, in Rechnung 3, dem Beispiel für Lust aufs Leben, bekommen Sie den vollen Kaufpreis von der Bank als Kredit, da er geringer ist als der Beleihungswert von 60 Prozent. In Rechnung 3 finanzieren Sie also 100 000 Euro.

Bei einem Zinsunterschied von einem Prozent, der allein auf Differenzen im Beleihungswertansatz beruht, sparen Sie im Jahr mindestens 600 Euro nur an Zinsen. Außerdem haben Sie in Rechnung 3, im Unterschied zu Rechnung 1, 50 000 Euro weniger Eigenkapital ausgegeben. Das macht schon bei zwei Prozent Kapitalmarktzinsen allein einen Zinsgewinn für Ihr Eigenkapital von 2 000 Euro im Jahr.

Der größte Vorteil aber ist:

Bei Rechnung 1 darf Ihnen nichts passieren, Ihre Lebenshaltungskosten, Ihre Versicherungen etc. – alles muss durch Ihr Einkommen gedeckt sein. Gibt es Einkommenseinbrüche, wollen Sie das Objekt nicht mehr nutzen, weil Sie sich verändern, so gibt es finanziell keinen Spielraum, da sie mit Ihrer Hypothek auf dem Grundbuch die Beleihungsgrenze von 80 Prozent bereits ausgereizt haben. Bei Rechnung 3 hingegen gibt es 40 000 Euro Spielraum, die Sie sich zur Not als Hypothek eintragen lassen können!

Dieses sehr vereinfachte Beispiel zeigt aber mein Prinzip »Wohnungskauf«, was ich Ihnen empfehlen möchte. So wird es Ihnen Spaß machen, sich eine Wohnung anzuschaffen, sich freier zu fühlen in Ihrem Eigentum. Und es wird Ihnen gelingen, sich einen bleibenden Wert zu schaffen. Das Gefühl, in die eigene Wohnung zu kommen, ist unbeschreiblich. Es duftet noch nach Farbe, heute war der Elektriker da und hat die Schalter eingesetzt …

KAPITEL 1

DIE SONDIERUNG DES MARKTES

Wie finde ich eine geeignete Wohnung? Wenn ich mich niemals mit dem Thema auseinandergesetzt habe, sollte ich mich zunächst mit den verschiedenen Möglichkeiten vertraut machen, ein geeignetes Objekt zu finden. Möchte ich mit der Wohnung eigentlich nicht viel zu tun haben und einfach »nur« einziehen – monatlich meine Raten brav vom Konto abbuchen lassen, oder bin ich sogar in der Lage, die gesamten Ausgaben für ein Objekt cash zu bezahlen?

Oder möchte ich dieses Buch weiterlesen, weil ich mit einem neuen Immobilienobjekt ein Projekt im Leben beginne, welches mir meine finanzielle Freiheit erweitert, mich vielleicht sogar absichert und einen Gewinn ermöglicht, der sich in bare Münze umwandeln lässt?

Also ganz von vorne. Natürlich kann man wie früher in den Zeitungen nachsehen – schneller ist aber die Suche über das Internet. Für den, der eine Wohnung verkaufen möchte, bieten die einschlägigen Portale den Vorteil eines einheitlichen Erscheinungsbildes – anders als in einer Zeitung, wo große Anzeigen mehr auffallen als kleine, oft aber gerade die kleinen Anzeigen interessant sind, weil sie vielleicht von privaten Verkäufern stammen, die sich große Anzeigen nicht leisten wollen.

Die Portale im Netz sind schnelllebig, so kann ein Angebot heute eingestellt, morgen schon gelöscht werden, wenn ein Käufer gefunden wurde. Am Puls der Zeit sein – das hat viel mit aufgeweckter Immobiliensuche zu tun. Ich werde in diesem Kapitel ein Webportal ganz besonders beleuchten, mit dem ich persönlich am liebsten arbeite. Ich weiß, dass mir so vielleicht Angebote entgehen – denn ich habe noch nicht herausgefunden, ob Maklerbüros ihre Angebote in allen Portalen anbieten oder ebenfalls nur in ihren Lieblingsportalen. Als Immobiliensucher muss ich aber gar nicht den Anspruch haben, den gesamten Markt im Blick zu haben; Vollkommenheit werde ich hier nicht erreichen! Meiner Meinung nach ist es gar nicht schlimm, wenn Angebote unentdeckt und unbeobachtet bleiben. So löse ich mich von der Idee, das eine, konkrete Objekt finden zu müssen! Es gibt immer Alternativen.

Wenn eine Wohnung schon verkauft ist, war ein anderer eben schneller. Wenn ein Haus schon reserviert ist, während ich noch Zeit brauche, um meine persönlichen Argumente abzuwägen – dann soll es wohl so sein! Machen Sie sich nicht verrückt, wenn Sie einmal nicht schnell genug gewesen sind. Sie verpassen nichts – es gibt Immobilien wie Sand am Meer, und täglich überlegt sich jemand Neues, ein Objekt zu verkaufen ...

Wenn Sie sich nicht ganz sicher sind, ob Sie ein Objekt wirklich wollen: Lassen Sie sich vom Makler nicht unter Druck setzen! Verraten Sie dem Makler niemals, wie Sie wirklich denken! Wie cool wirkt es, wenn Sie ganz selbstbewusst sagen: »Wenn jemand anderes die Wohnung nimmt, toll! So haben Sie ja Ihre vollen Vermittlungsprozente verdient, umso besser können wir beim nächsten Mal über die Provision verhandeln.« Selbst wenn es schon Bankverträge gibt und Kreditsicherheiten abgesprochen sind – brechen Sie ab und teilen Sie allen mit, dass das diesmal doch nichts wird. Ihr Bankberater wird Sie dafür ganz sicher nicht mögen; aber keine

von diesen Personen, die Sie jetzt deswegen nicht mögen, zahlt Ihnen später etwas zu Ihrem Projekt dazu.

Mit »nicht ganz sicher« meine ich natürlich nicht die schlaflosen Nächte, in denen Sie sich das Objekt vorstellen, welches zum Projekt wird, und ob Sie sich das wirklich zutrauen sollen: Das sollten Sie – trotz schlafloser Nächte und des Neuen, was auf Sie zukommt. Ich meine die Zweifel und Bedenken, die das Objekt selbst betreffen, Dinge, die Sie vielleicht entdeckt, aber in der Euphorie zunächst übergangen haben und die nun bei nochmaliger Überlegung auch der Kosten doch schwerer ins Gewicht fallen!

Natürlich sollte bei Ihrer Absage an den Makler ein ironischer Unterton nicht fehlen. Alle, die ich kenne, die Eigentum erworben haben, denken genau wie ich selbst mit Wehmut an so manche Wohnung zurück, die sie nicht genommen haben. Mal war ich zu langsam, ein anderer war schneller, mal habe ich zu viel gehandelt – mal hat ein Verkäufer es abgelehnt, mit mir zu verhandeln. Einmal bin ich sogar während des Notartermins aufgestanden und habe abgebrochen, und ein anderes Mal stritt ich mich mit einem Verkäufer, der absolut nicht einsehen wollte, dass ich seine Wohnung für 15 000 Euro weniger kaufen wollte. Könnte, hätte, sollte, würde … All diese Worte sind im Immobiliengeschäft nicht viel wert. Es zählt das, was ist. Und nur das, was ist, und nicht das, was

sein könnte! Also suchen Sie dort, wo es Ihnen persönlich gefällt: Immobilienscout.com, Immonet.com, auf einem der diversen Immobilienportale von Banken und Sparkassen, über die bereits erwähnten Zeitungen oder per Mundpropaganda, auf die ich weiter unten in diesem Kapitel eingehen werde.

> **➤ TIPP**

Suchen sie nicht nach Immobilien ohne genau zu wissen wo, warum und wie groß ihre Preisspanne ist. Kriterien wie die Lage, der Objektzustand oder auch die Größe der Wohnung, sind entscheidend! Dies alles sind Kriterien, die ihren Kauf ungewollt beeinflussen. Meine persönliche Erfahrung hat gezeigt, dass die meisten Interessenten darauf überhaupt nicht achten. Genau diese Dinge können sie in den Ruin treiben bzw. sie werden in absehbarer Zeit keine Preissteigerung erwarten können. Viel zu oft werden sie geblendet von schönen Bildern im Inserat, tollen Worten von Maklern oder Vorbesitzern. Auch ein toller Blick oder irgendetwas individuell Persönliches in der Wohnung berührt ihr Herz wenn sie eine Wohnung besichtigen – nicht durchdacht sind dies oft große Geldfallen!

Immobilienscout

»Klick, klick«, erscheint unten rechts auf dem Computerbildschirm ein Fenster: »Neue Mail«, und dann die Vorschau »Immobilienscout24«.

Zwei Vorschläge aus Hamburg befinden sich in meinem E-Mail-Account, 28 aus Berlin. In Berlin wird offenbar deutlich mehr angeboten als in Hamburg oder Köln.

Diese automatischen Benachrichtigungen erfolgen, wenn Sie auf der Immobiliensuchseite »Immobilienscout24.de« ein Profil angelegt haben, unter dem Sie dann verschiedene Suchaufträge einspeichern können. Unter »My Scout – Übersicht« sind unter anderem sehr schön übersichtlich die gespeicherten Suchaufträge sowie die gemerkten Aufträge aufgelistet.

- gespeicherte Suchaufträge: Hier können Sie Ihre persönlichen Optionen, denen Ihr Objekt entsprechen soll, angeben. Das Programm »merkt« sich Ihre Angaben wie Preis, Größe etc. (später mehr zu den Kriterien und deren Begründungen), und immer

wenn ein Verkaufsangebot von irgendjemandem eingestellt wird (Makler, Privatverkäufer, Banken), werden Sie automatisch per E-Mail informiert, dass es neue Objekte gibt, die Ihren Wünschen entsprechen.

- gemerkte Aufträge: Diese beinhalten die Objekte, bei denen Sie auf »Angebot merken« oder »Merkliste« (variiert je nach Anbieterseite) geklickt und dieses Angebot somit virtuell abgelegt haben, um es jederzeit wiederzufinden, ohne erneut alles durchzusuchen!

> ➤ *TIPP:*
>
> *Die gespeicherten Suchaufträge bieten Ihnen per Mail neue Angebote sowie eine Vorauswahl, um eine Übersicht auf dem Markt zu bekommen – so müssen Sie nicht alle unzähligen Angebote durchschauen, die ohnehin nicht Ihren Vorgaben entsprechen. Diese Vorauswahl ist also äußerst praktisch und steckt einen Rahmen ab – es sind aber immer nur kurze Angaben zu dem Objekt: Wenn Sie es interessant finden, dann haben Sie die Möglichkeit, eine kurze Mitteilung an den Verkäufer oder Makler zu versenden und um mehr Informationen zu bitten, das so genannte Exposé. Sie sollten dann umgehend nähere Informationen erhalten.*

Die gemerkten Suchaufträge sind also eine von Ihnen selbst vorgenommene Verfeinerung im Wirrwarr der Suchoptionen. Wann immer Sie denken: »Na, da war doch ein Objekt in einer bestimmten Straße …« – hier können Sie Ihre angeforderten Exposés noch einmal überblicken!

Wenn Sie eine Immobiliensuche starten, werden genaue Suchkriterien abgefragt. Sind Sie sich nicht sicher, wo Sie suchen sollen, d. h. in welchem Ortsteil, zu welchem Preis, in welcher Größe, dann werden Sie verzweifeln oder in Euphorie geraten, weil Ihnen das Programm mehrere tausend Wohnungen anzeigt und Ihnen auch sofort die dazugehörigen Anzeigen mit schönen Bildern entgegenflimmern.

Suchen Sie nicht nach Immobilien, ohne genau zu wissen, wo und warum Sie suchen und wie groß die Preisspanne sein darf, die Sie ins Auge fassen. Mit Immobilien ist es fast wie mit Aktien – eine Fülle von Kriterien fließt zwangsläufig in die Bewertung mit ein. Kriterien wie Lage, Objektzustand (dabei meine ich nicht nur den der Wohnung,

sondern den des gesamten Hauses) sowie die Größe der jeweiligen Wohnung sind entscheidend, weil preisbildend. Diese Punkte beeinflussen Ihren Kauf zwangsläufig. Eine große Wohnung in einer nicht so tollen Lage (diese Bewertung ist natürlich abzuwägen) kann genauso viel kosten wie eine etwas kleinere in einer so genannten 1-a-Lage!

Meine persönliche Erfahrung hat gezeigt, dass die meisten Interessenten darauf leider überhaupt nicht achten. Genau diese Nichtbeachtung könnte Sie in den Ruin treiben, zumindest werden Sie auf absehbare Zeit keine Preissteigerung erwarten können. Viel zu oft blenden schöne Bilder im Inserat sowie die schmeichelhaften Worte der Makler oder Vorbesitzer. Auch ein grandioser Blick oder irgendetwas individuell Persönliches in der Wohnung berührt Ihr Herz, wenn Sie eine Wohnung anschauen. Wenn Sie Ihren Verstand nicht gebrauchen, sind diese Momente oft große Geldfallen! Versuchen Sie nüchtern an die Besichtigung sowie die Beurteilung einer Wohnung heranzugehen – nur so bleiben Sie flexibel!

> **TIPP:**

Suchen Sie im Unendlichen, werden Sie nicht viel finden. Praktisch denken: erst Kriterien erstellen und dann suchen. Wenn Sie in den Urlaub fahren wollen, überlegen Sie sich ja vorher auch, wohin Sie gern möchten – dann erkundigen Sie sich nach den Preisspannen der Anbieter. Und ein Immobilienkauf ist kein Last-Minute-Deal, bei dem sie zum Flughafen fahren und unbekümmert mal schauen, wo es hingeht: Sie steigen ins richtige Flugzeug und haben somit eine Vorbereitungszeit für einen Urlaubstrip. Dieser ist begrenzt. Immobilienbesitz sollte etwas durchdachter sein!

Auf Immobilienscout werden genaue Suchkriterien abgefragt, wenn Sie die eben beschriebenen ersten Kriterien wie Lage oder Größe ignorieren und unter »Kaufen« auf »Eigentumswohnungen« oder »Häuser kaufen« klicken. Anschließend öffnet sich ein neues Bild. Hier werden detaillierte Kriterien abgefragt. Unterschieden wird nach Standardsuche und detaillierter Suche.

Die Standardsuche

Die Standardsuche ermöglicht bei Eingabe eines Ortes die genaue Auswahl der Stadtteile. Hier können die einzelnen Ortsteile, in denen Sie sich für Objekte interessieren, mithilfe eines Häkchens angewählt werden. Anschließend werden Sie aufgefordert, eine Preisspanne, die Anzahl der Zimmer sowie die Wunschfläche anzugeben.

Angenommen, Sie suchen eine 2-Zimmer-Wohnung. So würden doch drei oder vier Zimmer auch nicht stören (da wir immer die erwünschte, zukünftig höhere Bewertung des erworbenen Objektes im Hinterkopf haben). Vielleicht leben Sie aktuell auf 60 qm und suchen in Ihren Gedanken beim Kauf einer Eigentumswohnung nach max. 80 qm – warum nicht einfach nach 120 qm schauen?

Auswahlkriterium »Anzahl der Zimmer«

Stört Sie mehr Platz? Das kann doch eigentlich gar nicht sein! Wenn Sie zum gleichen Preis eine doppelt so große Wohnung bekommen – warum nicht? Endlich ergibt sich so vielleicht ein Badezimmer, das größer wäre als Ihr jetziges. Oder zwischen Bett und Wand könnte mehr Platz sein. Vielleicht eröffnet sich sogar die Möglichkeit für ein zusätzliches Bad oder einen begehbaren Kleiderschrank.

Haben Sie bislang vielleicht in Zeitungen, Magazinen oder bei Freunden irgendetwas gesehen, was für Sie undenkbar war, weil Sie glaubten, Ihr Budget reiche nicht aus? Eine größere Küche? Ein größeres Wohnzimmer, um eine richtig schöne, »fette« Schrankwand mit TV aufstellen zu können, ohne dass Sie an den Tisch stoßen, weil alles bisher überall immer zu eng war? Lassen Sie vor einem Wohnungskauf einmal Ihren Träumen freien Lauf – und versuchen Sie möglichst viele konkrete Informationen aus Ihren Vorstellungen zu gewinnen. Visuelle Eindrücke sind ganz wichtig, Bilder, die vor Ihrem inneren Auge entstehen, wenn Sie sich von Zeitschriften inspirieren lassen. Dementsprechend seien Sie flexibel bei der Eingabe der Zimmer-Anzahl!

Haben Sie schon einmal ein Schlafzimmer mit begehbarem Kleiderschrank entdeckt? Bisher dachten Sie doch immer: Das kann ich mir sowieso nicht leisten. Denken Sie einmal darüber nach, was Sie alles **nicht** haben müssen, wenn Sie in der Wohnung Platz haben für einen begehbaren Kleiderschrank. Sie könnten auf alles, was Schrank heißt und somit wohl wieder neue Kosten verursacht, verzichten. Sogar auf die Kommode, weil in allen vorhandenen Behältnissen sich die Utensilien sowieso schon quetschen … Und schon sind wir wieder beim Sparen.

Auswahlkriterium »Fläche«

Wohnungen werden nach Quadratmeterpreis berechnet und bewertet! Schauen Sie in die letzte Wirtschaftszeitung, wo Immobilien als wertstabil angepriesen werden. Oder befragen Sie Ihre Bank: Jede Lage hat einen Durchschnittspreis pro Quadratmeter Wohnfläche.

Die Wohnflächenberechnung ist genau festgelegt in der *Wohnflächenverordnung*. Demnach gilt:

- Die Wohnfläche einer Wohnung umfasst die Grundflächen der Räume, die ausschließlich zu dieser Wohnung gehören.

- Bei Wohnflächen, die unter einer so genannten Schräge liegen (Dachwohnung), ist wie folgt zu verfahren:

  – Grundflächen von Räumen und Raumteilen mit einer lichten Höhe von mindestens zwei Metern sind vollständig zur Wohnfläche zu rechnen.

  – Grundflächen von Räumen und Raumteilen mit einer lichten Höhe von mindestens einem Meter und weniger als zwei Metern sind zur Hälfte zur Wohnfläche zu rechnen.

– Grundflächen von Räumen und Raumteilen mit einer lichten Höhe von weniger als einem Meter sind nicht zu berücksichtigen.

Voll angerechnet wird eine Fläche erst ab einer Mindestraumhöhe von 2,00 Metern! Ein Kellerraum sowie eine Terrassenfläche zählen auch nur zu 50 Prozent.

Wie sich die Fläche in der von Ihnen zu suchenden Wohnung aufteilt, davon ist in der ersten Suchmaske, wenn Sie bei Immobilienportalen schauen und stöbern, noch gar keine Rede. Nehmen wir an, Sie suchen eine 2-Zimmer-Wohnung mit 80 qm und geben dies in der Suchmaske an.

Beispiel 1:

Bei dem Besichtigungstermin (der wie jede Wohnungsbesichtigung für Sie mit Zeitaufwand und Stress verbunden ist) der angeblichen 80-qm-Wohnung werden Sie auf einmal in eine 50-qm-Wohnung geführt. Jedes Zimmer ist so groß, dass Sie garantiert auch in den nächsten 30 Jahren an den Bettrahmen stoßen, weil der Abstand vom Bett zur Wand sogar noch kleiner sein wird als in Ihrem jetzigen Domizil. Die Küche entspricht der Größe Ihrer derzeitigen Toilette, aber im Ganzen hat diese Wohnung 80 qm, die Sie bezahlen sollen. Vergessen haben Sie nämlich, dass es sich um eine Erdgeschosswohnung handelt, bei der Sie 60 qm Terrasse mit erwerben, die mit 30 qm in die angegebene Wohnfläche eingerechnet wird.

Beispiel 2:

Das Inserat verspricht wiederum 80 qm – Sie gehen zur Besichtigung und betreten eine Endetagenwohnung mit 120 qm. Das ist möglich, da Sie 60 qm voll anrechenbare Wohnfläche mit einer Raumhöhe von mind. 2,00 Metern haben – aufgeteilt in zwei nette Räume. In einem Raum sind 30 qm unter einer Dachschräge mit einer Raumhöhe, die am Kniestock 1,20 Meter misst und bis 2,00 Meter reicht – damit zählt die Fläche nur hälftig. Im zweiten Raum befinden sich 20 qm unter einer Dachschräge unterhalb einer Raumhöhe von 0,5 Metern – diese Fläche zählt also gar nicht. Außerdem hat die Wohnung noch einen Balkon von 10 qm. Auch wenn die Fläche nicht zählt – optisch wirkt sie!

Vielleicht verstehen Sie nun, warum eine Beschränkung innerhalb der ersten Suchmaske auf zwei Räume oder strikt 80 qm dazu führen kann, dass Ihnen Chancen entgehen!

Die Suchmasken müssen allen denkbaren Wohnungen entsprechen, so dass sie einfach eingeordnet werden können. Individuelle Wohnungen oder »versteckte« Möglichkeiten werden kaum in diesen Suchmasken erfasst, da sonst jedes Kurzexposé noch ein Extra »versteckte Möglichkeiten« enthalten müsste. Eine 2-Zimmer-Wohnung wird auch so deklariert, wenn sie die Möglichkeit bietet, später alle Wände herauszureißen und somit eine 1-Zimmer-Wohnung daraus machen; wenn Sie noch Trennwände einfügen, wird es eine 3-Zimmer-Wohnung. Beschrieben wird immer nur der Ist-Zustand. Legen Sie sich

also nicht zu schnell auf eine begrenzte Zimmeranzahl oder Größe fest!

Auswahlkriterium »Kaufpreis«

Angenommen Sie glauben, Ihr Budget ermögliche Ihnen eine Wohnungsanschaffung in Höhe von 120 000 Euro. Sie suchen im Bereich von 100 000 bis 120 000 Euro, um flexibel zu sein. Ganz unabhängig von der Flächenaufteilung auf Wohnfläche, Terrasse, Balkon und Keller wird hier der reine Quadratmeterpreis abgefragt.

Beispiel 1:

Sie befinden sich in einer Großstadt und wollen auf eine U-Bahn-Anbindung nicht verzichten. Das Exposé zeigt Ihnen bei Ihrer eingegebenen Preisspanne eine Wohnung mit 80 qm an – daraus berechnet sich ein Quadratmeterpreis von 1 250 € bis 1 500 €.

Wenn eine Wohnung am Markt angeboten wird, setzt ein Verkäufer den Kaufpreis natürlich erst einmal sehr hoch an – innerhalb der Verhandlungen lassen sich locker 10 bis 15 Prozent Preisspielraum verwirklichen – deswegen sind Sie noch kein raffinierter Verhandler, bedenkt man, dass die Notar- sowie Maklerkosten (Nebenerwerbskosten) schon fast zehn Prozent ausmachen! Die im Beispiel 1 gesetzte Preisspanne von 20 000 Euro entspricht nur

16,66 Prozent des Kaufpreises. Damit begrenzen Sie sich selbst mal eben auf etwas mehr als den üblichen Verhandlungsspielraum! Das ist nicht so flexibel, wie Sie ursprünglich dachten.

Daher:

Beispiel 2:

Alle Ihre Vorüberlegungen sind dieselben wie in Beispiel 1. Größe und Zimmerzahl entsprechen etwa 80 qm – Sie geben aber in die Suchmaske den Wert von 60 000 bis 140 000 Euro ein!

Wahrscheinlich denken Sie jetzt, dass das unrealistisch sei: Aber eine Wohnung in derselben Lage, ebenfalls an einer U-Bahn gelegen, ja vielleicht sogar im selben Haus oder an derselben Straße steht zum Verkauf mit einem Quadratmeterpreis von 600 Euro! Dann gelingt es Ihnen, für nur 60 000 Euro 100 qm zu erwerben oder sogar für Ihre veranschlagten 120 000 Euro 200 qm Ihr Eigen zu nennen!

Natürlich ist es klar, dass die Wohnung zu 600 €/qm eine andere Ausstattung hat und sich in einem anderen Zustand befindet als eine Wohnung mit doppelt so hohem Quadratmeterpreis. Sie halten das alles für unrealistisch? Ich skizziere an dieser Stelle kurz die Bewertungskriterien und -tabellen der Banken. Ein Blick in die Bewertungstabellen zeigt, dass die Objekte ausschließlich nach Baujahren unterteilt werden!

ETW-Kaufpreise Ø für gesamte Straße (Beispiel Tempelhofer Ufer, Berlin)

Bauweise/ Ausstattung	Neubau	1990–2010	1970–1989	1950–1969	1918–1949	vor 1918
komfortabel	3 190,00 €	3 014,00 €	2 695,00 €	2 440,00 €	1 962,00 €	1 675,00 €
gut	2 678,00 €	2 531,00 €	2 263,00 €	2 049,00 €	1 647,00 €	1 406,00 €
normal bis einfach	1 997,00 €	1 887,00 €	1 687,00 €	1 527,00 €	1 228,00 €	1 048,00 €

Aus der Tabelle ist zu ersehen, dass der Quadratmeterpreis einer Wohnung in einem Haus, das z. B. 1920 erbaut wurde (ein typisches Haus in Hamburg, Berlin oder München mit Altbauwohnungen), zwischen 1 228 Euro für die Ausstattung »normal bis einfach« bis hin zu »komfortabel« mit 1 962 € schwankt!

Wenn Sie nun eine Wohnung finden wie in meinem Beispiel mit 600 €/qm, die nicht einmal der Kategorie »einfach« entspricht, da keine bewohnbaren Teppichbeläge vorhanden sind oder Bad und Küche vom Gutachter noch nicht einmal die Bewertung »Standard« erhalten, sehen Sie, dass mein Beispiel für ein etwas verwohntes Objekt sehr realistisch ist – vielleicht hat ein Vormieter 20 Jahre darin gewohnt und die Küche

beim Auszug mitgenommen, und die Bodenbeläge sehen extrem abgewohnt aus. Ihr ganz persönlicher Kaufpreis, der sich allein aufgrund des Marktes ergibt, hat mit der Bewertungstabelle der Banken erst einmal gar nichts zu tun. Immobilienbewerter erstellen die Einstufungen aber nach Kriterien wie Straßenlage, U-Bahn-Anbindung etc.

Bedenken Sie, was sich für Möglichkeiten allein aus der Kombination der Kriterien Lage, Einkaufsmöglichkeiten, U-Bahn-Anbindung, Autobahnnähe ergeben! Was erreichen Sie für einen Wertzuwachs aus der Anschaffung einer Eigentumswohnung zum Preis von 600 €/qm, indem Sie diese mit etwas Geschick auf eine Einstufung als »komfortabel« mit einem Wert von stolzen

1 962 €/qm bringen!

Wenn Sie sich in dem vorangegangenen Beispiel 2 für die 100-qm-Wohnung zu 60 000 Euro entschieden haben, kommen Sie auf einen Wertzuwachs von 136 200 Euro! Bei einer zugrundegelegten Fläche von 200 qm kommen Sie sogar auf 272 400 Euro, die Sie sich selbst schaffen, nur weil Sie bei den Grundauswahlkriterien der ersten Suchmaske flexible Vorüberlegungen beachten!

Die detaillierte Suche

Trotz meiner Ermahnung auf Flexibilität und Nüchternheit müssen Sie sich auf gewisse Kriterien festlegen, um die Flut an neuen Verkaufsangeboten einzudämmen:

Erweitern Sie also einfach ihre jetzigen Vorstellungen vielleicht etwas in Bezug auf Größe, Zimmeranzahl oder auch Preis. Dachten Sie vorher strikt an 80 qm für 1 800 €/qm, so schauen Sie auch nach 110 qm – dafür aber setzen Sie den qm-Preis, den Sie ursprünglich bei 80 qm angesetzt hatten, nach unten und su-

chen ab 1 000 €/qm.

Haben Sie sich also einmal so weit festgelegt, dass bei den Suchparametern Ihre individuellen Bedürfnisse Berücksichtigung finden, es aber nicht an der nötigen Flexibilität fehlen lassen, so erscheinen schon viel weniger Exposés. Als weitere Möglichkeit können Sie nun die Suche verfeinern und je nach Ihren persönlichen Kriterien und Bedürfnissen Merkmale auswählen wie Geschosslage, Ausstattung, Beheizungsart – oder auch ob das Objekt vermietet sein soll oder nicht. Es sind eine Reihe von Kriterien aufgelistet, die jeweils Vor- oder auch Nachteile bieten.

Auswahlkriterium »Geschosslage«

Wenn kein Fahrstuhl vorhanden ist, wird eine Wohnung in den ersten Stockwerken einfacher zu erreichen sein. Dafür ist der Blick von den oberen Stockwerken aus oft besser – außerdem sind höher gelegene Wohnungen oft heller!

> **➤ TIPP:**
>
> *Ein Fahrstuhl im Haus bedeutet auch immer ein höheres Wohngeld. Das Wohngeld wird zusätzlich zur Kreditbelastung monatlich fällig und in die Hausgemeinschaftskasse gezahlt. Hiervon werden alle umlagefähigen Kosten bezahlt wie der Strom im Treppenhaus, Reparaturgelder für das Gemeinschaftseigentum, Hausmeisterkosten, die Treppenhausreinigung oder eben auch die jährliche Wartung des Fahrstuhls. Je nach Hausgemeinschaftsgröße können hier schnell 200 Euro mehr pro Monat fällig werden, nur weil Sie sich ein Objekt mit Fahrstuhl aussuchen.*

Auswahlkriterium »vermietet / nicht vermietet«

Natürlich lässt sich eine Wertsteigerung eher mit einer nicht vermieteten Wohnung erreichen, da Sie in Deutschland nicht einfach einem Mieter kündigen können, nur weil Sie jetzt mit Ihrer Wohnung einen Wertzuwachs erreichen möchten. Es gibt Wohnungen, wo das Mietverhältnis absehbar ist, der Mieter beim Besichtigungstermin Auszugsbereitschaft signalisiert (was Sie zur Not den Vorbesitzer schriftlich regeln lassen), oder auch die Möglichkeit einer Eigenbedarfsklage. All dies sind aber keine Garantien, dass Sie schließlich auch eine Wohnung kaufen, in der Sie schalten und wal-

ten können, wie Sie wollen – Ihr Mieter wird bei diesen Aktionen mitmachen müssen; und sind Sie in der Lage, dies im Vorhinein wirklich abzusehen? Die meisten Eigenbedarfsklagen werden in Deutschland abgewiesen – ahnt ein Mieter erst einmal, was Sie mit dem Wohnobjekt vorhaben, so bleibt er unter Umständen extra etwas länger wohnen als ursprünglich geplant, nur um eine Abfindung zu erzielen, die Ihr Budget empfindlich treffen könnte! Außerdem ist selbst bei einer überbrückenden Vermietung nie sichergestellt, ob der Mieter auch wirklich die monatliche Miete bezahlt. Es gibt Besitzer von Wohnungen, die diese mit Verlust verkaufen müssen, nur weil ein Mieter keine Miete zahlt und so ein Finanzierungskonstrukt nicht mehr funktionieren kann. Bedenken Sie: Nur weil bei Ihnen eine Mieteinnahme wegfällt, setzt keine Bank der Welt die Ratenzahlungen auf unbestimmte Zeit aus!

Auswahlkriterium »Beheizungsart«

Beim Thema »Beheizungsart« ist es von großem Vorteil, wenn Sie nicht von Fernwärme, einer Zentralheizung, die ja oft als praktisch und effizient gilt, oder Ähnlichem abhängig sind. Können Sie eine Wohnung mit eigener Gasetagenheizung erwerben, ergibt sich sehr viel Sparpotenzial!

Die Energiekosten werden weltweit steigen, wie sie dies bereits in den letzten Jahren getan haben. Aber vergleichen Sie einmal die Verbrauchswerte einer 15 Jahre alten Gasetagenheizung mit denen einer zehn oder auch »nur« einer drei Jahre alten mit einem ganz neuen Modell!

Durch Restwärmenutzung oder andere technische Raffinessen sind

Heizungen von heute (ich meine dabei wirklich *heute*, nicht das Modell von letztem Jahr) wesentlich sparsamer als Heizungen älterer Bauart.

Allein die diversen Steuerungsmöglichkeiten – Nachtabsenkung, Urlaubstasten, Sommer-/Winterheizung – sowie die genaue Einstellung für den Warmwasserbedarf sparen enorm. Auch die Anordnung in zwei verschiedenen Heizkreisläufen, einer nur für warmes Wasser und ein anderer für die Heizung (der im Sommer komplett ausgeschaltet bleiben kann), birgt riesige Vorteile im Vergleich zu einer Gesamthausheizung, bei der durchgehend eine gewisse Temperatur im Kessel gewährleistet sein muss, um Tag und Nacht den individuellen Bedürfnissen der einzelnen Parteien gerecht zu werden. Ganz davon abgesehen gibt es in manchen Städten Zuschüsse der Gasbetriebe oder der Stadt für die Modernisierung von Heizungen; in Kombination mit Solarmodulen eröffnen sich ungeahnte Möglichkeiten, eine Heizung sogar noch sparsamer zu betreiben als mit den neuesten technischen Erfindungen.

Dies müssen Sie abwägen mit dem Preisvorteil, wenn Sie ein Vorjahres- oder Ausstellungsgerät erwerben. 50 Prozent Rabatt auf den Grundpreis sind bei Vorjahresmodellen keine Seltenheit; auch ein Blick auf eBay lohnt sich häufig – doch dazu mehr im Kapitel 5, »Die Sanierung«.

Auswahlkriterium »Extras«

Verkäufer lassen sich eine vorhandene Einbauküche gerne extra und teuer bezahlen – bedenken Sie, dass Sie in jedem Fachgeschäft Ausstellungsküchen erwerben können. Wenn Ihr Budget knapp ist, haben Sie beim Thema »Küche« enorme Einsparpotenziale – dazu ebenfalls mehr in Kapitel 5. Bedenken Sie, dass eine Terrasse, ein Balkon oder ein Keller, ebenso ein Garagenstellplatz zu 50 Prozent zur Wohnfläche gehören; hier ist also Vorsicht geboten. Nicht selten werden Eigentumswohnungen angeboten, zu denen ein ebenso großer Kellerraum gehört – benötigen Sie den wirklich? Auch ein Parkplatz direkt vor oder sogar im Haus ist sehr schön und komfortabel – deswegen aber bei knappem Budget 10 000 oder 20 000 Euro

extra auszugeben sollte man sich gut überlegen, ebenso ein Aufzug im Objekt, da hier die monatlichen fixen Hausgelder wesentlich höher sind als ohne Aufzug.

Auch ein Gäste-WC ist nett, aber ebenso einfach von Ihnen selbst nach Erwerb im Zuge eines Umbaus oder der Sanierung in den Grundriss zu integrieren, wenn Sie es wirklich wünschen. Dieses Extra von Anfang an gleich mit zu erwerben bringt »Luxuspunkte«, die Sie mit der Umgestaltung Ihrer Eigentumswohnung selbst erreichen können, ohne sie am Anfang mit zu bezahlen.

Auswahlkriterium »Baujahr«

Das Baujahr kann entscheidend sein für Sonderabschreibungen – hierzu fragen Sie aber bitte Ihren Steuerberater, da eventuelle steuerliche Vorteile, die mit dem Baujahr zusammenhängen, von Region zu Region unterschiedlich sind. Um hier wirklich alles zu beachten, schauen Sie auf die von Ihrer Bank festgesetzten Bewertungsbaujahre (interne Bewertung, die je nach Bank unterschiedlich ausfällt). Auch

KfW-Förderprogramme hängen teils vom Baujahr des Objekts ab. Zu eventuellen Fördermöglichkeiten siehe auch Kapitel 4, »Das Geld«.

Nachhaken

Wenn sich die Anbieter der von Ihnen favorisierten Objekte nicht gleich melden, müssen Sie nachhaken. Nur weil Sie im Internetportal auf »Angebot einholen« klicken und das tolle Programm dem Makler oder Verkäufer eine automatische Mail sendet mit Ihrer Adressübermittlung und Standardsatz: »Ich interessiere mich für Ihr Objekt« heißt das noch lange nicht, dass man ihnen auch tatsächlich zurückschreibt und ein ausführliches Exposé übersendet. Ich habe erlebt, dass bei wirklich tollen Angeboten manchmal gar keine Reaktion vom Verkäufer kommt. Entweder haben sich zu viele Interessenten gemeldet, oder es ist für den Makler zu unbequem, allen Interessenten zu antworten – oder ein Makler plant nur fünf Besichtigungstermine pro Woche. Warum sollen Sie auf eine tolle Chance verzichten, nur weil der Makler seine Arbeitszeit begrenzt. Gewöhnen Sie sich an, nach zwei Tagen Ihre Wunschliste, d.h. die Mails, die Sie an Verkäufer geschickt und als Kopie vom Immobilienportal zugesendet bekommen haben, noch einmal durchzugehen, ob schon Antworten eingegangen sind – falls nicht, haken Sie persönlich beim angegebenen Verkäufer einmal nach; ein kurzer Anruf, und Sie bringen sich in Erinnerung!

Immowelt.de, Bankenportale

Es gibt weitere Internetseiten. Überall können Sie Kaufgesuche bzw. -angebote eingeben. Bei Immowelt.de zum Beispiel ist mir die Kaufgesuche-Rubrik besonders aufgefallen. Hier können Sie, wenn Sie zu wenig Zeit haben, um selbst zu suchen, ein Kaufgesuch eingeben. Inwieweit aber Angebote in der gleichen Fülle auf Sie zukommen, wie wenn Sie selbst schauen und etwas Recherche betreiben – das weiß ich nicht!

Toll ist die Aufteilung gleich nach einzelnen Ballungszentren – in den Suchkriterien wird ebenso nach Preis, Größe und Lage unterschieden. Ebenso ist Immonet.de aufgeteilt – viele Makler oder Inhaber von Wohnungen inserieren ohnehin parallel in allen verfügbaren Internetportalen.

Finden Sie selbst heraus, welches Portal Ihnen am besten gefällt. Inzwischen gibt es unzählige weitere Portale. Sämtliche Banken, Sparkassen, Volksbanken – ja sogar jede größere Maklerfirma, Hausverwaltung oder Immobilien-Investoren-Gruppe listet im Internet ihre am Markt erhältlichen Objekte auf.

Dabei sind nicht alle Angebote auch automatisch auf den Immobilienportalen zu finden. Das hängt mit den Inseratskosten der Portale zusammen, die Banken oder Anbieter von Wohnungen gern sparen wollen. Schauen Sie also auch immer einmal bei den Banken und Sparkassen ins Netz oder fragen Sie hier einmal konkret nach, ob man Ihnen zu Ihren Wunsch-Eckdaten etwas anbieten kann.

Mundpropaganda

Falls Sie in derselben Stadt suchen, in der Sie wohnen, hören und schauen Sie sich einfach einmal um! Manchmal entdecken Sie ein Plakat oder einen Hinweis darauf, dass eine Wohnung oder ein Objekt verkauft werden soll. Der Vorteil einer Suche in Ihrer eigenen Umgebung ist, dass Sie viele Aspekte, die das Objekt betreffen, sehr viel besser selbst einschätzen können, ohne großartig recherchieren zu müssen – einfach weil Sie die Gegend bereits kennen: Welche Leute wohnen in der Nachbarschaft? Wie viel Autoverkehr gibt es in der Straße zu verschiedenen Tageszeiten, verändert sich ein Stadtteil gerade, weil besonderes Augenmerk der Kommunalpolitik gelegt wird?

Wenn Sie ein gewisses Haus sehr mögen und hier eine leere Wohnung von außen sehen, fragen Sie in Geschäften, die im Umkreis sind, doch einmal nach: Oft weiß man hier mehr. Oder erkundigen Sie sich nach der Hausverwaltung des Objektes. Im Eingang ist oft ein Aushang, wer dieses Haus verwaltet oder nähere Angaben darüber geben kann. Viele Hausverwaltungen sind ebenso Verwalter für die Wohnungen und nicht nur des Gesamtobjektes. Wenn ein Eigentümer verkaufen möchte und ein Investor die vorgeschriebene Haltezeit für Steuerabschreibungen erreicht hat – Hausverwaltungen haben oft eine Liste von Wohnungen im Portfolio, die sie Ihnen nennen können –, entfällt hier häufig sogar die Maklerprovision.

Erkundigen Sie sich nach dem Schornsteinfeger Ihres Wunschbezirks. Kaum jemand kennt die Häuser des Bezirks so wie er – auch hat er die genauen Pläne zum Objekt. Außerdem erfährt er oft frühzeitig über zum Verkauf stehende Häuser, da bauliche Veränderungen oft auch die Schornsteine betreffen. Hier wird immer der Schornsteinfeger eingebunden, der Ihnen beispielsweise auch Auskunft geben kann, ob in Ihrer Wohnung vielleicht Züge frei sind, um die Nutzung der Heizungsanlage zu ändern oder um einen Kamin einzubauen. Oft kann der Kontakt zum Eigentümer und Verkäufer bereits aufgenommen

werden, bevor dieser überhaupt an den Markt tritt oder sich an einen Makler wendet. Er ist es auch, der Ihnen Auskunft über die zu wählenden Beheizungsarten oder die KW-Zahl eines Ofens / Kamins geben und die derzeit aktuellen rechtlichen Bestimmungen, die von Land zu Land variieren, benennen kann. So ist etwa ein offener Kamin in gewissen Gegenden oder Stockwerken möglich, in anderen streng verboten, so dass Sie die Variante mit der Glastür nehmen müssen oder den Bodenbelag vor dem Ofen feuerfest wählen sollten, als von Ihnen vielleicht geplant. Auch gibt er Ihnen Auskunft, ob Sie vielleicht die flexiblen Verbindungsrohre einer evtl. Solargekoppelten Heizung, (Kaltwasserzufluss / Warmwasserabfluss) zwischen Heizung und Solarmodulen durch einen freien Schornstein-Zug legen können, oder welche zusätzlichen Veränderungen am Schornstein baulich vorgenommen werden müssen (zusätzliches Metallrohr einziehen, Schornsteine ausbrennen, Schornsteine erhöhen, um einen besseren Luftzug zu gewährleisten).

> **TIPP:**

»Verlassen« Sie sich nicht auf nur eine Art der Suche. Lassen Sie sich Zeit, um herauszufinden was Ihnen gefällt. Nur über das Internet zu suchen oder einfach so mal den Schornsteinfeger anzurufen – das ist schon zu lässig und ehrlich gesagt auch zu einfach. Das kann jeder! Ihre Persönlichkeit drückt sich auch darin aus, wie und wo Sie Ihre Traumimmobilie finden. Entdecken Sie für sich, was Ihnen am besten gefällt. Dann sind Sie sich auch ganz sicher und Ihr »Bauchgefühl« und die Kopfüberlegungen stimmen überein!

Exkurs: Bauträger

Fahren Sie durch die Stadt und entdecken Sie an diversen Stellen Plakate, Immobilienbanner oder Baustellenschilder, dass hier demnächst ein Sanierungsobjekt geplant oder fertiggestellt werden soll. Eine Freundin von mir hat gerade eine Wohnung in so einem Objekt in Hamburg bezogen:

Alles schien von Anfang an klar. Tolle Prospekt-Bilder von der Ausstattung ließen kaum Fragen offen. Eine exakte Preisliste der Extrawünsche konnte begutachtet werden, auch gab es eine Musterwohnung. Der Kaufvertrag war schnell geschlossen. Es wurde eine sichere Geldanlage versprochen, sogar eine mit hohem Wertentwicklungspotenzial. Nichts musste selbst gemacht werden – schlüsselfertig sollte die Wohnung übergeben werden: Es würde einen Aufzug geben, schöne neue Briefkästen sowie einen schicken Laminat-Boden. Gegen einen Aufpreis von 70 €/qm haben sich viele der Erwerber sogar für Parkett entschieden. Auch bei den Türen und Türgriffen haben einige »aufgestockt« und noch einmal 120 Euro pro Tür draufgezahlt. Alles sollte so edel geliefert werden, wie der Erwerber es wünschte.

Während der Fertigstellung wurde langsam klar, wer an diesem Objekt verdient.

Die Bauzeit dauerte mehr als ein halbes Jahr. Auch wenn vorher das Thema »Wohnen und Einrichten« nicht das Hauptthema im Leben der berufstätigen Frau war, so zog es sie doch ab und zu in den Baumarkt, um sich Materialien anzuschauen. Der Kauf von diversen Wohnzeitschriften nahm dramatisch zu. Spätestens bei der Auswahl ihres Parkettbodens hatte sie sich auch für das interessiert, was es so alles gibt: Parkett aus Massivholz, Mehrschicht-Parkett, Stab-Parkett oder Schiffsboden? Ganze Bretter oder Nut und Feder …? Das alles wirkte am Anfang wie ein dunkles Loch, in das sie der Berater im Holzhandel hineinwarf. Die Single-Lady fühlte eine Schlinge, die sich um ihren Hals beinahe zuzog – so viel Auswahl? So viele Kriterien? Damit kam sie gar nicht klar, und genau diese Fragen wollte sie sich eigentlich gar nicht stellen. Schließlich hatte sie es nicht nötig, selbst irgendetwas zu machen in ihrer Wohnung – »schlüsselfertig« war das Stichwort.

Vorher bemerkte sie immer nur, dass ihre Stöckelschuhe auf dem Laminatboden ihrer Mietwohnung »klack-klack« machten – das wollte sie in ihrer neuen Wohnung nicht. Auf der anderen Seite war Laminat immer praktisch – wenn bei einer Party Zigarettenasche auf den Boden fiel und mal Rotwein umkippte – gar nicht schlimm: Ein Wisch … und alles war weg. Eines Tages aber gab es in der Wohnung einen Wasserrohrbruch. An einer Stelle im Wohnzimmer, direkt vor der Kunststofftür, die auf den Balkon führte. Sie hatte es am Anfang gar nicht so bemerkt, dass sich das Laminat nach oben wölbte. Die Putzfrau wischte immer brav drüber – aber eines Tages kratzte der Stöckelschuh ein Loch in diese Delle – einfach so. Und da kam das Problem zum Vorschein.

Nach diesem Erlebnis begann sie, sich für Materialien zu interessieren. Sie fand heraus, dass Laminat, welches im Baumarktprospekt oft sehr billig für 2,99 €/qm angeboten wird, einfach nur bedrucktes Blatt Papier ist, welches auf Press-Holzplatten gelegt und anschließend lackiert wird. Das wollte sie in ihrer neuen Wohnung nicht haben, nicht die nächsten Jahre für bedrucktes Papier regelmäßig eine Darlehensrate zahlen – nein, für bedrucktes Papier am Boden, da fand sie den Preis eindeutig nicht angemessen! Da würde sich auch der Rotwein eines Tages nicht mehr so leicht wegwischen lassen, denn ihren Lifestyle hatte sie nicht vor zu ändern – Party-Girl forever, trotz lebenslangem Kreditvertrag!

Also musste sie sich in die Suche der Materialien in Sachen Holzfußböden begeben, und so kam sie endlich in den Holz-Fachbaumarkt.

Um die Geschichte abzukürzen: Der Bauträger hat an der Quadratmeterzahl wohl kräftig verdient.

Auch als die Single-Lady eines Samstagvormittags eine Anzeige für eine zum Verkauf stehende Wohnung in derselben Straße fand, allerdings mit einem Quadratmeterpreis, der halb so hoch war wie der, den sie jetzt für ihre Wohnung bezahlte – da wurde ihr klar, dass dieser Bauträger eine Menge verdienen würde. Vor allem, dass sie wohl die Preissteigerung des Stadtteils für die nächsten Jahre bereits jetzt schon für den Bauträger verwirklicht – bezahlt durch ihren Bankkredit. Bisher beruhigte sie sich immer damit, dass ihre Zinsen für die nächsten zehn Jahre festgeschrieben seien. Obwohl auch danach nicht wirklich viel vom Kaufpreis getilgt wäre – außer: ein Prozent jährlich … Wie lange wird sie an der Wohnung abzahlen?

Aber betrachten wir die Seite des Bauträgers: Er kauft eine Anlage zu einem üblichen Kaufpreis, saniert den Komplex und berechnet für seine Planungsdienstleistung einen Aufschlag. Hinzu kommen bei jedem Schritt Kosten, denn diese entstehen natürlich. So berechnet er einen neuen, am Markt erzielbaren Quadratmeterpreis: Es wird nicht nur ein Architekt beauftragt, hierfür wird noch eine Vermittlungsprovision fällig. Vielleicht wird auch ein Architekt fest eingestellt. Das ist günstiger – kalkuliert wird aber mit dem »freien« Geldbetrag an Honorar. Ganz am Ende gibt es noch einen Gewinnaufschlag. Dann wird durch die Quadratmeterzahl der entstehenden Wohnflächen geteilt. Heraus kommt der durchschnittliche Verkaufspreis pro Quadratmeter für dieses vom Bauträger erstellte Objekt.

Während eine Bank »Sicherheitsabschläge« bei jeder einzelnen Position wie persönlichem Einkommen, Risiko der Arbeitslosigkeit, Bewertungsabschlag etc. einrechnet und so zu einem absoluten Minimum der Gesamtsituation kommt, berechnet ein Bauträger ganz sicher das absolute Maximum!

Am geschicktesten ist es, wenn der Vertrieb der Wohnungen, also die Vermarktung, auch noch intern übernommen wird. Ein Hochglanzprospekt wird gedruckt, und die Makler werden mit netten Firmenwagen ausgestattet. Ein Dachgeschoss, derzeit begehrter als eine Souterrain-Wohnung, wird noch einmal mit einem Extraaufschlag versehen. Das ist daran zu erkennen, dass Dachgeschosse in sanierten Objekten in der Planung immer mehr pro Quadratmeter kosten als Souterrain-Wohnungen im selben Objekt. Versprochen wird als Gegenleistung für den derzeitigen Maximalpreis am Markt natürlich eine schlüsselfertige Eigentumswohnung, in der (gegen Aufschlag) auch Sonderwünsche gerne umgesetzt werden können. Ganz am Ende, wenn der Verkauf der Wohnungen nicht so gut funktioniert, werden die Quadratmeterpreise gesenkt – so weit, bis die aufzuteilenden Wohneinheiten im Projekt auch wirklich einen Käufer finden.

Ja, so läuft das, und es funktioniert, weil sehr viele Menschen berufstätig sind und sich überhaupt nicht auskennen oder einfach zum Selbsthandanlegen oder Selbstnachdenken keine Lust haben. Das gehört nicht zum Lifestyle! Jeder ist gerne zu Gast in neuen Wohnungen und staunt »ah« und »oh« über einen Kamin, ein tolles Bad, großzügige Fenster oder auch farbige Wände. In den Hochglanzmagazinen stehen Badewannen mitten im Raum mit Blick auf einen offenen Kamin. Ein begehbarer Kleiderschrank ist nur wenige Meter vom Bett entfernt. Eine freigelegte Wand wird mit gedimmtem Licht angestrahlt. Die Küche hat natürlich einen Zugang zur Terrasse, und wirkt rahmenlos im Sommer fast so, als verliefe sie draußen weiter.

Das gefiel auch meiner Single-Lady-Freundin, die ab und zu Rotwein auf ihrem Laminat-Boden verschüttete. Vor dem Kauf musste sie nun alle Dokumente, die ihre Hausbank so von ihr forderte, zusammensammeln: Einkommensnachweise der letzten drei Jahre, Steuerbescheinigungen etc. Den Vertrag unterzeichnete sie dann mit einer Laufzeit von 15 Jahren. Vier Monate vor Ablauf des Kredits sollen neue Konditionen ausgehandelt werden. Natürlich ist das Objekt zu 100 Prozent des Beleihungswertes beliehen, ihre gesamten Ersparnisse von 120 000 Euro sind zusätzlich als Eigenmittel eingeflossen! Zwei Bausparverträge, einer davon kam schon von ihren Eltern – aber beide wurden zur Vorfälligkeit gebracht. Diese Extrazahlungen sowie die monatlichen Belastungen sind nun so straff, dass die Single-Lady wohl den Rotwein trotz Fahrstuhl in ihrer neuen Wohnung nicht mehr liefern lässt, sondern selbst besorgt. Sie muss selbst schleppen, und außerdem trinkt sie dann weniger – hat sie sich überlegt. Irgendwann wird sie vielleicht heiraten oder das Haus der Eltern erben. Dieses kann dann, so hat es der Bankberater vorgerechnet, als Sondertilgung auch noch in den Kredit fließen.

Trotzdem wird sie aber in 30 Jahren die Wohnung abgezahlt haben! Vorausgesetzt ihre Eltern haben dann das Haus auch wirklich vererbt.

Dieses Kreditszenario hat sie seit einem halben Jahr im Kopf. Seit zwei Monaten sieht sie auch, dass der Bauträger endlich angefangen hat, und dort, wo ihre Traumwohnung entstehen soll, Umbaumaßnahmen geschehen. Das Haus ist eingerüstet, die Handwerker gehen ein und aus.

Sie steht aber immer noch im Baufachmarkt und erkundigt sich nach den Unterschieden zwischen verschiedenen Fußbodenbelägen aus Holz und fragt – nur einmal interessehalber, wie viel die einzelnen Dielen kosten. Und sie erkundigt sich, was das Verlegen von Dielenböden kostet.

Dezent verwundert ist sie, als sie für eine Vollholzdiele, die ihr gefällt, »nur« 42 €/qm bezahlen soll. Die Standard-Diele aus Schichtholz sollte beim Bauträger aber schon 78 €/qm Aufpreis kosten. Außerdem ist ihre nun ausgesuchte noch viel breiter und somit hochwertiger als die angebotene Dielenqualität des Bauträgers. Auf Nachfrage hat der Holzhandel die Qualität, die der Bauträger für einen Aufschlag von 78 €/qm anbietet, gar nicht im Sortiment.

Zufrieden mit ihrer eigenen Dielenauswahl schreibt sie dem Bauträger, der ihr laut Vertrag eine »Erstattung« anbietet. Weil sie ja den im Prospekt mit »Standard« angegeben Laminat-Boden nicht annimmt. 3,80 €/qm … Aber es kommen Extrakosten für die Verlegung ihres gewählten Bodens auf sie zu. Zusätzlich berechnet der Bauträger 20 Prozent Aufschlag für von ihr selbst gewählte Materialien als Ausfall seiner Bauleistung!

Sie wird also 3,80 €/qm erstattet bekommen. Sie muss aber, und das hatte sie anfangs im Kaufvertrag unterschrieben – 20 Prozent ihrer zugelieferten

Materialien, also 8,40 €/qm, an den Bauträger zahlen, plus Extraaufwendungen in noch nicht genannter Höhe für individuelle Änderungswünsche. Ihre selbst besorgten Dielen seien nicht so einfach zu verlegen wie der vorgesehene Laminatboden des Bauträgers.

Auf dem Weg nach Hause ist ihr nach dem Besuch im Holzhandel bewusst geworden, dass sie in den nächsten 30 Jahren für etwas abzahlt, an dem andere jetzt schon mit ihrer Unterschrift des Kauf- und Kreditvertrages verdient haben – und das kräftig!

Fazit: Exkurs Bauträger

Lieber Leser, macht dieses Beispiel Lust auf eine Eigentumswohnung? Nein, also kehren wir zurück zu unserem Such- und Kaufmodell.

Jede Wohnung hat am Markt einen gewissen Wert, der sich anhand von Lage und Ausstattung ergibt. Gefühlt steigt dieser Wert – schaut man heute nach Wohnungen in gewissen Bezirken, zahlt man dafür mehr als vor einem Jahr, auch entwickeln sich Bezirke von gestern heute zu absoluten Trendvierteln. Besonders in Berlin hat der Markt in den letzten beiden Jahren wirklich angezogen. Das ist Ihre Chance – wollen Sie, dass das Geld für eine Sanierung an einen Bauträger, Architekten oder Handwerker fließt, oder wollen Sie einmal näher eintauchen in die einzelnen Arbeitsschritte, um zu überlegen, wo Sie den Gewinn selbst einstreichen?

> **TIPP:**

Der Unterschied im Quadratmeterpreis kann von »einfach« und »nicht saniert« zu »saniert« und »renoviert« oft mehr als 100 Prozent ausmachen! Beschäftigen Sie sich mit dem Thema und nehmen Sie die Dinge selbst in die Hand, damit nicht irgendein Bauträger den Gewinn aus der Sanierung einstreicht!

Fazit: Die Sondierung des Marktes

Der Mehrwert für sanierte Wohnungen ist festgeschrieben und am Markt durch aktuell erzielte Verkaufspreise eindeutig zu belegen, dazu mehr im Kapitel »Die Bewertung«. Sie bewegen sich also nicht im Nebel eines überraschenden Morgenregens und wandern auch nicht in den Wald, um nach Pilzen zu suchen, die Sie dann nicht finden.

»Endlich meins!« – das können Sie sagen mit einer Gewissheit, als flögen Sie in den Urlaub. Sie kennen Ausgangspunkt und Ziel der Reise. Auf dem Weg zum Urlaubsort steigen Sie ja auch nicht in das falsche Flugzeug: Man würde Sie gar nicht erst in eine falsche Maschine steigen lassen.

Ich will Sie nicht ermuntern, selbst ins Cockpit zu steigen, um über den Atlantik zu fliegen. Aber mit einem Einkaufszettel in der Hand müssten Sie schon in jedem Supermarkt der Welt die aufgeschriebenen Lebensmittel finden. Vielleicht ist die Sprache auf der Verpackung eine andere als zu Hause. Der Umgang und die Wortwahl auf einer Baustelle sind wohl dezent anders als daheim. Vielleicht kaufen Sie auch das eine oder andere zu viel oder haben sich mal vertan, aber sind Sie damit allein?

In jedem Supermarkt der Erde kann man fragen, auf jedem arabischen Souk und in den Bergwelten der Anden oder in China begegnet man Ihnen mit einem Lächeln und hilft Ihnen weiter. Genauso ist das auch mit Handwerkern, Architekten, beim Bauamt und mit Maklern. Aber geben Sie nie den Einkaufszettel aus der Hand! Denn das Rezept ist nicht geheim, und Geld mit einer Wohnung verdienen wollen alle!

Das richtige Objekt zu finden bedeutet schon etwas Arbeit. Sie müssen verschiedene Wege gleichzeitig gehen. Zugegeben, die Suche in Tageszeitungen ist bequem, aber sie dauert ihre Zeit. Zweimal in der Woche schauen Sie die Inserate durch – ach, diesmal ist nichts dabei ... dann vielleicht nächste Woche. Das empfinden Sie vielleicht schon als Eigeninitiative. Aber wenn das so einfach wäre, müssten Sie nicht weiterlesen! Eigeninitiative ist nicht damit getan, einen Makler anzurufen oder einen Kaufpreis um zehn Prozent herunterzuhandeln: Wir wollen mehr, und das geht.

Eine Sucheingabe für ein Internetportal ist schon mit etwas Mühe verbunden, und bis Sie feststellen, wie strikt eine Wohnung in ein Schema passt oder nicht, haben Sie so manches Angebot durchgeklickt. Häufig sind die Informationen unvollständig, oder gerade die entscheidende Information fehlt (denken Sie an das Beispiel der Quadratmeterangabe ohne Raumhöhe oder Zimmeraufteilung).

Wenn aber auf Ihre Suchaufträge hin erst einmal täglich 30 Wohnungsangebote als Mail auf Sie einprasseln, entwickeln Sie schnell beim Durchscrollen einen Blick dafür, welcher Quadratmeterpreis sich so ungefähr bei dem Angebot ergibt – lohnt sich also das genaue Anschauen des Inserats? Auch erkennen Sie schon an der Formulierung der Überschrift, ob es sich um einen Bauträger handelt, der ein Objekt verkauft, um ein Zwangsversteigerungsobjekt etc. Sie werden einen Blick dafür bekommen und nach einiger Zeit gar nicht mehr so viele Angebote einholen, wie Sie es zu Anfang tun.

NOTIZEN

KAPITEL 2

DIE BESICHTIGUNG

Nachdem Sie auf Kurz-Anzeigen in Immobilienportalen geantwortet haben, um näheres Interesse für ein Objekt zu bekunden, wird man Ihnen ein ausführlicheres Exposé zusenden. Hierin ist die Lage abgebildet, es werden Bilder der Immobilie gezeigt sowie weitere Informationen aufgeführt, damit sich ein potenzieller Käufer ein besseres Bild machen kann vom zu verkaufenden Objekt. Grundsätzliche Fakten werden etwas näher beschrieben als im Kurz-Exposé der Immobilien-Suchseite im Internet. Oft bestehen diese Exposés aber auch nur aus schönen Worten. Die Lage ist explizit ausformuliert – ist ein Bäcker in der Nähe, wie weit ist es bis zum nächsten Bahnhof, wie ruhig ist die Straße, an der das Objekt liegt, oder auch, wie kann man den Bezirk historisch einordnen. Aber ist es auch ehrlich? Sind das die Informationen, die Sie wirklich benötigen? Vergessen Sie das – ich habe noch nie ein Exposé gesehen, welches ausführlich Vor- oder auch Nachteile auflistet, in dem sich jemand die Mühe gemacht hat, Tacheles zu reden und das Objekt so zu beschreiben, wie es ist. Schließlich handelt es sich ja auch um ein Werbeblatt für eine Wohnung, die anfangs immer erst einmal zu einem überhöhten Preis angeboten wird. Es soll wirklich eine ganze Zeit lang Dänen und Finnen gegeben haben, die in Berlin fast blind Wohnungen gekauft haben nur aufgrund eines Exposés.

Ich persönlich glaube nicht daran, dass jemand aufgrund der tollen Worte im Exposé eine Wohnung kaufen sollte – wie also bereiten Sie sich vor, wenn Sie den Stapel an Exposés sichten und sich nun entscheiden sollen, welches Objekt Sie sich wirklich ansehen?

Bereiten Sie sich auf einen Makler oder Inhaber vor, der die beste Rhetorik beherrscht und Ihnen nur gute Dinge über das zu besichtigende Objekt erzählt! Nichts ist schlecht, alles ist neu, schick, und dieses Haus oder diese Wohnung ist wirklich das Beste, was Ihnen passieren kann. Spätestens wenn Sie zu den nächsten Objekten gehen und dasselbe hören, merken Sie: Es kann nicht jede Wohnung die beste sein für Sie.

Meine Besichtigungen dauern in der Regel nicht länger als fünf bis zehn Minuten und beginnen mit dem Satz: »Ja, ich bin Herr Aldag, vielen Dank fürs Türöffnen – wenn ich Fragen habe, werde ich sie stellen, ansonsten halten Sie sich bitte zurück«.

Jetzt schütteln Sie vielleicht den Kopf – aber nehmen Sie einmal all Ihren Mut zusammen und versuchen Sie, eine Besichtigung ohne die Anpreisungen eines Maklers zu erleben. Wie entspannt kann das sein. Sie können Ihre Aufmerksamkeit ganz den Dingen zuwenden, die Ihnen wichtig sind. Ihnen fällt wieder ein, auf was Sie unbedingt achten wollten. Sie gehen durch das Objekt und lassen sich nicht – »Ach, schauen Sie einmal hier!« und »Haben Sie das schon gesehen?« – von dem ablenken, was Ihnen ganz allein in den Sinn kommt. Erleben Sie die Stimmung einer Wohnung. Wie fühlt sich das an in diesen Wänden? – Schließlich würden Sie hier einige Zeit Ihres Lebens verbringen. Also werden wir konkret:

Die Kriterien für die Suche nach Ihrer Eigentumswohnung stehen fest? Alle »Hausaufgaben« sind abgearbeitet, und Ihnen ist wirklich klar

geworden, welche Ansprüche Ihre Eigentumswohnung erfüllen soll? Listen Sie die Kriterien auf! Und dann überlegen wir nun gemeinsam, wo bei jedem einzelnen Punkt gespart werden kann – vorausgesetzt, Sie wollen oder müssen sparen.

Bei meinem Wechsel vom Käufer zum Verkäufer habe ich Personen erlebt, die sogar mit dem eigenen Flugzeug mal eben nach Berlin geflogen sind, um sich eine, in diesem Fall meine, zum Verkauf stehende Wohnung anzusehen. Bei dieser Klientel wurde überhaupt nicht überlegt, ob irgendwo gespart werden kann. Auch sollte die Wohnung keinen Wertzuwachs bringen; Werterhaltung war hier eher das Thema. Durch solche Besichtigungen habe ich aber gemerkt, dass bei einer Wohnungsbesichtigung erschreckend wenige Menschen überhaupt auf mögliche Mängel achten, kritische Fragen stellen oder Dinge, die Ihnen auffallen, hinterfragen:

Die integrierte LED-Beleuchtung illuminiert den Wasserhahn abwechselnd blau oder rot, je nach Wassertemperatur. Ein Staunen bei der

Entdeckung. »Das ist Luxus!«, wurde kommentiert. Doch diese Technik ist sehr anfällig und kann für ein schmaleres Budget am Ende sehr leicht zur Folge haben, dass die ganze Wand hinter der Armatur aufgeschlagen werden muss, weil der vermeintliche Luxus herausgerissen wird, um durch eine normale, einfachere Duscharmatur ersetzt zu werden. Die endlos scheinenden, rahmenlosen Glasabtrennungen zum Duschen müssen jedes Mal nach Gebrauch trockengewischt werden, ansonsten kann man aufgrund der Kalkbildung sehr schnell nicht mehr durch die Scheibe sehen – trotz Nanobeschichtung. Was auf den ersten Blick als Luxusbad erscheint, kann schnell zum verrotteten Badetempel werden, der eindeutig bessere Zeiten gesehen hat. Oder auch die Badewanne mitten im Raum. Ich gebe zu, die Medienaufmerksamkeit meines ersten Ausbaus war gewaltig. Aber ohne Putzfrau sowie exakt farblich passende Handtücher und Kosmetikutensilien, die regelmäßig aufgestockt werden, geht so etwas gar nicht und kann unter »wollen«, aber »nicht können« verbucht werden. Dann doch lieber ein Bad mit einer einmal jährlich auszutauschen-

den Silikonfuge hinter Dusche und Wanne. Mit ein bisschen Übung ist es hier mit einer Silikontube für 4,98 Euro getan – und das gesamte Bad wirkt wie neu! Die Keramiken und die Badewanne können alt sein, in Berliner Altbauwohnungen habe ich abgeplatzte Emaillewannen gesehen – die frische Silikonfuge sowie ein großer, schlichter Spiegel haben das Bad wie neu wirken lassen. (Ich gebe zu, der Toilettendeckel wurde ebenso ausgetauscht.)

Detail-Check

Hinterfragen Sie bei Besichtigungen die Dinge, die Sie auf den ersten Blick nicht sehen oder verstehen. Das sind die Angelegenheiten, die Sie nicht ohne Weiteres ändern können. Alles, was Sie sehen, wenn Sie sich in der Wohnung umsehen, können Sie ändern!

Betrachten Sie alle Dinge, die Sie sehen außerdem in Relation zum Kaufpreis bzw. Quadratmeterpreis! Ein Laminatboden muss nicht Laminatboden bleiben, eine tapezierte Wand kann auch glatt gespachtelt werden und farbige Lichtschalter kann man austauschen – wenn der

Preis stimmt, warum also nicht zugreifen.

Alles, was Sie sehen, wird Ihnen gehören! Aber alles, was Sie nicht sehen, aber mit erwerben – das gehört Ihnen auch, und Sie werden im Zweifel teuer dafür bezahlen! Wasserhähne, Küchenmöbel, Laminat und Parkett, auch Türgriffe, die Ihnen vielleicht nicht gefallen, oder eine Küche, die doch etwas zu klein ist, eine Wand, an die Ihr jetziger Schrank nicht passt, oder ein Eingang, der zu wenig Platz für die Garderobe bietet: alles Dinge, auf die Sie im Grunde nicht achten müssen. Ihre Kommentare an den Makler dazu können Sie sich sparen, denn Sie mieten nicht und müssen sich nicht mit Kompromissen abfinden. Sie kaufen, und das bedeutet: Sie können ändern, was, wann und wie immer Sie wollen! All diese Einwände, die ich persönlich bei Besichtigungen bereits gehört habe, waren unnötig und zeugten von Unwissenheit: Türgriffe können ausgetauscht werden. Wenn ein Raum zu klein oder zu groß ist – versetzen Sie die Wand! Die Zeiten, in denen Sie irgendetwas Sichtbares in Ihrer Wohnung akzeptieren und

als gegeben hinnehmen mussten, sind nach Erwerb Ihrer Eigentumswohnung eindeutig vorbei! Sie erwerben nicht die Türgriffe und auch nicht das zu kleine Waschbecken oder die vielen Steckdosen – die Dinge, die üblicherweise in stundenlangen Besichtigungsterminen ergiebigst durchdiskutiert werden.

Vergessen Sie Ihre momentane Sicht. Sie erwerben einen Teil eines Hauses, ausgedrückt in Zehntausendstel-Anteilen. Diese Zehntausendstel, festgeschrieben im Grundbuch, machen Sie zum Eigentümer und verpflichten Sie, für alle anfallenden Gemeinschaftskosten zu einem gewissen Teil aufzukommen. Das ist konkret durch das monatlich zu entrichtende Wohngeld inklusive Wohngeldrücklage abgedeckt; wenn aber zusätzliche Ausgaben im Haus anstehen, die die Mehrheit beschließt, so müssen Sie gegebenenfalls eine Sonderumlage mittragen. Diese böse Überraschung können Sie sich sparen, indem Sie sich nicht nur für die Wohnung interessieren, die Sie erwerben wollen, sondern auch gezielte Erkundigungen zum Gemeinschaftseigentum einholen!

Das ist das, was wirklich zählt. Denn in Ihren eigenen vier Wänden können Sie im Endeffekt – je nach Geschmack und Budget – alles ändern. Bis auf die Grundmauern können Sie im Extremfall die Wohnung komplett entkernen und dann nach Ihren Wünschen und Bedürfnissen ausstatten. Konkret bedeutet das, dass Sie, nur weil Sie bei der Besichtigung keinen Kamin sehen, selbst nach Erwerb einen bauen oder auch einen Ofen anbringen können – vorausgesetzt, es ist ein Schornstein vorhanden! Den aber erst zu errichten, wenn kein freier Schacht in der Wand vorhanden ist, das wird bei einer Eigentümergemeinschaft schwer umzusetzen sein. Genauso können Sie die Küche um einen Geschirrspüler erweitern, auch wenn jetzt bei einer Besichtigung noch keiner vorhanden ist!

Zu den unsichtbaren Elementen gehören unter anderem:

- die Rücklagen des Gemeinschaftseigentums,

- freie Schornsteine, die von Ihrer Wohnung aus vielleicht genutzt werden können,

- das Alter der Heizungsanlage sowie die Verbrauchspreise des Vorbesitzers,

- der Sanierungszustand oder evtl. verwendete Sanierungsmaterialien im Keller,

- die Vergrößerungsmöglichkeit von Fensteröffnungen, um mehr Lichteinfall zu erhalten,

- die letzte Dachkontrolle / der Dachzustand,

- die Besitzverhältnisse im Haus, offene Wohngelder anderer Miteigentümer,

- die Besitzverhältnisse des Nachbargrundstücks zwecks evtl. Erweiterung für Balkonanbauten,

- durchgeführte Dämmmaßnahmen der Außenfassade, Inanspruchnahme von KfW- oder anderen Fördergeldern für das Gemeinschaftseigentum, Kreditverbindlichkeiten, Verträge oder auch Verwaltergelder.

> **> TIPP:**
>
> *Fragen Sie nach den unsichtbaren Dingen und lassen Sie sich von den sichtbaren Dingen nicht beeinflussen! Wasserhähne, Türklinken, ja sogar Mauern und Fensteröffnungen können Sie als Eigentümer jederzeit verändern – die Besitzverhältnisse des Hauses, den Dachzustand und die Rücklagen des Gemeinschaftseigentums jedoch nicht! Außerdem können Sie so Rabattforderungen bei Kaufpreis und Maklergebühr besser begründen.*

Wenn Sie nach diesen Dingen fragen, merkt der Verkäufer oder Makler, dass Sie sich wirklich interessieren, außerdem wird er ein niedrigeres Kaufpreisgebot Ihrerseits nachvollziehen können, weil Sie Ihr Gebot begründen können! Nicht zu vergessen, dass Sie auch begründet an der Maklerprovision kürzen können, nämlich wenn ein Makler auf gewisse Fragen keine Antwort weiß, obwohl es seine Aufgabe ist, Sie über die Wohnung aufzuklären und nicht nur die Tür aufzuschließen, um »Ah«- und »Oh«-Effekte zu erhaschen. Warum sollen Sie die volle Provision bezahlen, wenn Sie es mit einem Amateur-Makler zu tun haben, der nur die Lage und das Objekt schönreden kann, jedoch darüber nicht wirklich Bescheid weiß? Wenn er nur mit den Schultern zucken und entgegnen

kann: »Da muss ich mich erst einmal erkundigen.« Man verlangt beim Kauf einer Eigentumswohnung ja auch von Ihnen Kreditwürdigkeit und dass Sie die Schritte, die bis zum Notartermin folgen, zügig erbringen. Sie kaufen kein Sakko oder ein paar Schuhe, bei denen es die Aufgabe des Verkäufers ist, Ihnen die richtige Größe aus dem Regal zu ziehen und Ihnen vielleicht beim Ankleiden zu helfen, um Ihnen die Farbe und den Schnitt schmackhaft zu machen! Sie legen sich mit einer Eigentumswohnung verdammt fest und kaufen meist nicht routinemäßig Wohnungen – also können Sie ganz selbstverständlich verlangen, dass Ihr Verhandlungspartner und Mittler zum Verkäufer sich bei einer Provision von bis zu acht Prozent vernünftig vorbereitet hat und dass er Sie über die tatsächlichen Möglichkeiten, Mängel oder Vorteile der Wohnung aufklären kann, die selbst auch mit Sachverstand nicht sofort sichtbar sind.

Das übliche Gerede von der tollen Lage, der Anbindung an öffentliche Verkehrsmittel sowie den Geschäften in der Umgebung plus Parkplatzsituation – sorry, aber all diese Dinge sehen Sie selbst mit einem Blick, wenn Sie die zu besichtigende Adresse bei Google Maps eingeben. Hier wird sofort angezeigt, wie viele Restaurants in der Umgebung sind, wo die nächste Post ist und so weiter. Seien Sie selbstbewusst und überlegen Sie einmal, wie schnell eine Wohnungsbesichtigung vorbei sein kann, wenn Sie konkret wissen, worauf Sie achten müssen und welche Fragen Sie stellen wollen.

Wichtig ist, dass Sie wirklich verstehen, dass es sich bei diesen Fragen, das Gemeinschaftseigentum betreffend, nicht um lästige Komponenten Ihrer Entscheidung handelt, sondern um Möglichkeiten der Kostenersparnis (etwa bei bereits vorhandener Keller- oder Dachsanierung sowie -dämmung) und um werterhöhende oder wertmindern-

de Eigenschaften. Viele Eigentümer haben noch nie die zum Objekt gehörende Teilungserklärung gelesen, in der die Rechte und Pflichten des Eigentums aufgeführt sind, an dem Sie die erwähnten Zehntausendstel-Anteile erwerben, für die Sie auch haften – egal ob Ihre persönliche Kreditsituation diesen Faktor einbezogen hat oder nicht.

Ein trockener Keller bildet keinen Schimmel. Ein saniertes Dach verursacht erst einmal keine Kosten. Eine hohe Rücklage der Gemeinschaftskasse lässt Sie beruhigt an der nächsten Eigentümerversammlung teilnehmen, bei der die Mehrheit dann vielleicht Investitionen beschließt, die Sie im konkreten Fall vielleicht gar nicht wollen: Sie haben diese bei Beschluss mitzutragen! Ist vielleicht sogar schon eine Sonderumlage für eine Sanierung oder Reparatur, für ein neues Treppenhaus, Balkonanbauten etc. geplant?

Auch eine Bank lässt diese Kriterien entscheidend in ein Bewertungsgutachten einfließen; ein Guthaben der Gemeinschaftsrücklage geht automatisch zu Ihrem Anteil am Gesamteigentum auf Sie über – bildet also einen zusätzlichen Wertposten!

Gehen Sie vorbereitet zu einer Besichtigung! All diese Fragen werden Ihnen selbstverständlich, wenn Sie einmal in einem Objekt konkret darüber nachgedacht haben. Interessieren Sie sich für die Zugangsleitungen. Wo genau liegen in der Wohnung die Wasserrohre, wo das Abwasser? Dann nämlich ist klar, dass eine Küchenspüle, eine Waschmaschine und ein Bad für die nächste Zeit an derselben Stelle bleiben müssen oder aber, dass eine Verlegung einfach ist. In vielen Wohnungen wurde das Bad nach einer Renovierung mit einer Stufe versehen. Unter dieser Anhebung sind die Abwasserrohre verlegt – so kann in einer Wohnung an jedem beliebigen Ort ein Bad entstehen, vergrößert oder verkleinert werden. Sie müssen sich also fragen, ob die Grundausstattung Ihren jetzigen und zukünftigen Bedürfnissen gerecht wird. Klopfen Sie einmal gegen alle Wände. Hört sich das Geräusch massiv an, handelt es sich um eine Steinwand. Oft ist das Geräusch dumpf, und Sie wissen, dass es sich um eine Rigipswand handelt.

Diese kann problemlos herausgerissen und versetzt werden. Stellen Sie sich Ihre Wohnung bei Besichtigung im Rohbauzustand vor. Sie wissen nicht, welche versteckten Schäden Sie mitkaufen! Also schauen Sie hin!

Elektrotechnik-Check

Irgendwo in der Wohnung befindet sich der Stromzähler bzw. ein Verteilerkasten. Öffnen Sie diesen und fragen Sie nach, von wann er ist. Auch wenn die Steckdosen und Schalter sauber geputzt und in Ordnung sind, hat das gar nichts mit dem Innenleben der Kabel sowie der Verteilung zu tun. Achten Sie auf die Absicherungen! Wie viele Sicherungen gibt es? Normalerweise wird jeder Raum getrennt abgesichert, je nach Strombedarf. Feuchträume werden getrennt. Für die Küche gibt es bis zu drei Sicherungen, um auch einen Starkstromherd anschließen zu können. Ist die Stromversorgung bei Betrieb von mehreren Geräten im Haushalt nicht den Bedürfnissen gewachsen, stehen Sanierungsmaßnahmen an! Ein Austausch der Leitungen bis hin zum Verteilerkasten ist sehr kostenaufwendig, da die gesamten Wände aufgeschlitzt werden müssen, um anschließend wieder verspachtelt zu werden. Wenn jedoch nur ein paar Steckdosen irgendwo fehlen oder die Schalter nicht Ihrem Geschmack entsprechen – jeder Hersteller hat verschiedene Designlinien, die einfach von den technischen Schaltern abgeschraubt und ausgetauscht werden können. Wo einmal eine Steckdose in der Wand ist, kann problemlos mit einer Bohrung sowie einem Erweiterungsrahmen eine zusätzliche angebracht werden, nicht nur daneben, sondern auch an der Wand dahinter. Vorausgesetzt, dass die Leitungen und die Absicherungen in Ordnung sind. Auch wenn eine Leuchtenstrippe nicht an der für Sie richtigen Stelle aus der Wand oder Decke kommt, macht das überhaupt nichts – ein kleiner Schlitz, und die richtige Position ist gefunden. Wenn jedoch die Leitungen seit Bau des Hauses noch nie erneuert worden sind, dann ist selbst eine geringfügige Verlängerung schwierig, oft sogar gefährlich!

Ein weiteres Indiz für sehr kostengünstige Sanierungen, durch die vielleicht ein höherer Preis erzielt werden soll, sind auf Putz oder, noch schrecklicher, auf Tapete verlegte Leitungen. Hier sollten Sie sich genau überlegen, ob Sie solche Scheinsanierungen unterstützen und wirklich darin leben möchten, oder ob Sie früher oder später nicht doch die Wände schlitzen und die Kabel unter Putz verlegen! Dann bezahlen Sie garantiert für diese Elektroarbeiten doppelt, da Ihnen der Verkäufer seine Investitionen natürlich schon längst mit Aufschlag auf den eigentlichen Kaufpreis berechnet. Aufgefallen ist mir dies in einer Wohnung, die frisch mit Raufaser tapeziert und anschließend weiß gestrichen worden war.

> **TIPP:**

Raufaser kaschiert! Wenn Ihnen Dellen in der Wand auffallen oder Sie mit etwas Abstand Spachteldellen feststellen, deutet dies nicht selten auf Risse hin, die oberflächlich zugespachtelt worden sind. Ebenso kann es sich um eine feuchte Stelle handeln, die simpel übertapeziert wurde. Eine ehrliche Sanierung wird heute meist ohne Raufasertapete zum Kauf angeboten: So können Sie als zukünftiger Eigentümer selbst entscheiden, welchen Look Sie an der Wand haben möchten.

Um es der Bewertung durch einen Gutachter vorwegzunehmen: In keinem Hochglanzmagazin der Welt finden Sie derzeit noch Raufasertapete. Unter Putz verlegte Leitungen, vernünftig verspachtelt, sowie geschliffene bzw. neu gespachtelte Wände zeigen, dass durchdacht saniert und dem neuen Eigentümer überlegt zugearbeitet wurde.

Wasserinstallations-Check

Wo liegen die Wasserleitungen? Wo befindet sich der Hauptstrang? Was für Rohre liegen bis zu Ihrer Wohnung? Fragen Sie nach, ob die Strangleitungen schon einmal ausgetauscht wurden oder ob Sie zwar ein neues funkelndes Bad sehen, aber in Wirklichkeit alte Bleileitun-

gen innerhalb des Hauses bis zu Ihrer Wohnung führen. Das bedeutet Kosten in der Zukunft, die Sie für das gesamte Haus mittragen werden – im Verhältnis zu Ihren Zehntausendstel-Eigentumsanteilen!

Wundert es Sie jetzt, dass dieses Kapitel »Wasser« so kurz ist? Obwohl Sie genau hier bei Besichtigung der Badezimmer oft geschwankt haben, ob Sie eine Wohnung nehmen sollen oder nicht? Bei vielen Besichtigungen ist mir aufgefallen, dass die Interessenten, besonders die weiblichen, sich stundenlang über Fliesen im Bad, Farbe, Form der Keramiken und Bordüren, Handtuchhalter und Armaturen auslassen konnten. Oft wurde erneut besichtigt, nur aufgrund der Badezimmer! Für einen Profi ergibt das gar keinen Sinn: Ein günstiges neues Bad selbst zu sanieren – mit Baumarktprodukten kostet Sie das komplett neu etwa 3 000 Euro. Nach oben sind natürlich keine Grenzen gesetzt, auch 500 Euro pro Quadratmeter für goldene Mosaik-Glasfliesen-Steine einer italienischen Firma können ausgegeben werden. Aber wegen des Badezimmers eine Wohnung nicht kaufen – das ist ungeschickt! Natürlich ist die Wohnung,

die Sie anschauen, mit einem Bad oder einer Küche, die Ihnen gefällt, teurer als eine Wohnung, in der das Bad so dermaßen von gestern ist, dass noch nicht einmal die übliche vergammelte Silikonfuge zwischen Badewanne und Fliese zu sehen ist. Schauen Sie einmal auf die unterschiedlichen Quadratmeterpreise, wenn Ihr persönliches Wunschbad, sagen wir, 10 000 Euro kosten würde:

Beispiel 1:

Wohnung gehoben mit akzeptablem Badezimmer; Quadratmeterpreis	2 000 €
Wohnungsgröße: 80 qm – Kaufpreis:	160 000 €

Beispiel 2:

Wohnung mit altem Badezimmer, Quadratmeterpreis	1 600 €
Wohnungsgröße: 80 qm – Kaufpreis:	128 000 €

Bei einem alten, unansehnlichen Bad bleibt Ihnen also ein Budget von 32 000 Euro, um das Badezimmer komplett nach Ihren Wünschen und Vorstellungen zu sanieren! Hallo? Aufwachen aus der bisherigen Besichtigungstheorie! Wie zuvor festgestellt, 10 000 Euro reichen,

um Ihren Badezimmerwünschen zu entsprechen – es bleiben also noch 22 000 Euro übrig! Damit erreichen Sie eine Zinssenkung Ihres Kredites durch einen höheren Eigenanteil. Oder Sie entscheiden sich für eine fast 15 qm größere Wohnung! Bei einem höheren Einkommensteuersatz in Deutschland entspricht das aber auch einem Bruttozusatzeinkommen von fast 30 000 Euro. Sie können das Geld also auch einfach als netten Zuverdienst betrachten!

Überlegen Sie noch einmal: Sind Sie immer noch der Typ, der bei einer Besichtigung in die perfekte Wohnung schreiten und nur noch »Ah« und »Oh« in jede Blickrichtung senden möchte? Oder ist es nicht viel cooler, bei der Besichtigung wirklich intelligente Fragen zu stellen und die Badfliesen fast zu ignorieren, weil längst feststeht, dass die 10 000 Euro für ein neues Bad genau nach Ihren Wünschen sowieso schon budgetiert sind?

Falls Sie zur »Ah«- und »Oh«-Fraktion gehören, ist das beneidenswert schön, aber ich kann Ihnen auch gleich verraten, dass Sie bei Abschluss des Kaufvertrags ganz sicher auch gleich noch einmal 7,9 Prozent – in Worten: fast 13 000 Euro – an Maklergebühren zahlen. Dafür gibt's dann allerdings auch bei guten Maklern oft noch eine Flasche Champagner zum Notartermin mit Geldübergabe, und der anwesende Notar unterstützt Sie mit »Ah«- und

»Oh«-Beglückwünschung zu Ihrer neuen Wohnung.

Fußboden-Check

Das Thema kann heikel sein. Wie in Einrichtungszeitungen anschaulich beschrieben, sehen Sie die Patina der Zeit irgendwann auch in Ihren Räumen, vor allem auf dem Boden. Auch hier kann es hilfreich sein, sich die Wohnung im Rohzustand vorzustellen. Was möchten Sie? Möchten Sie die ursprüngliche Bauweise, Dielen auf Balken? Den Boden ab und zu schleifen und neu imprägnieren – ölen, wachsen oder lackieren? Oder möchten Sie Laminat verlegen, nach ein paar Jahren einfach austauschen und so immer eine saubere und pflegeleichte Optik – oder lieber Parkett, welches neu verlegt ebenfalls öfters abgeschliffen werden kann? Oder Fliesen? Natürlich hängt auch die Frage »Fußbodenheizung, ja oder nein« damit zusammen. Eine Fußbodenheizung unter Dielen trocknet diese sehr stark aus – das Holz kann sich verziehen, und die Lücken zwischen den Dielen werden unregelmäßig groß. Außerdem entwickelt sich die

> **➤ TIPP:**
>
> *Vernachlässigen Sie nicht die Sonneneinstrahlung, die z.B. im Dachgeschoss bei großen offenen Balkontüren auf den Boden einwirkt. Das Holz ist dann extremer Witterung ausgesetzt – können Sie mit der Behandlung hier vorbeugen? Sonst drohen ganz schnell Austrocknungserscheinungen und farbliche Unterschiede!*

Wärmeleistung anders als bei Fliesen oder Sichtbeton. Speziell für Fußbodenheizung geeignete Holzmaterialien sind teurer.

Nur wenn Sie den historisch üblichen Fußbodenaufbau direkt auf den Balken wünschen, dann sollten Sie auf den Zustand des alten Bodens achten. Lässt sich alles Vorhandene einfach herunterreißen? Oft wurden bei einer Sanierung einfach Spanplatten auf die alten Dielen genagelt, dann ein Belag aufgeklebt oder »schwimmend« mit Trittschall verlegt. Dabei spielt es keine Rolle, ob Sie bei dem Besichtigungstermin Laminat, Parkett oder Fliesen auf dem Boden sehen. Achten Sie bei Fliesen in Bad und Küche auf die Fugen – bei nicht ordnungsgemäßem Fußbodenaufbau reißen die Fugen. Nach längerer Zeit werden vielleicht sogar ein-

zelne Fliesen brechen – die einzige Möglichkeit, dieses zu beheben, ist das Herausreißen des gesamten Aufbaus.

Falls Teppichboden verlegt ist, kann man bei einer nicht neu sanierten Wohnung oft an den Rändern oder am Eingang die Teppichschiene zur Türschwelle kurz abschrauben und schauen, ob der ursprüngliche Boden noch erhalten ist oder mit Ausgleichsspachtelmasse überzogen wurde. Dies lässt dann alle Wünsche für eine mögliche spätere Sanierung offen. Sollten die alten Dielen jedoch vernagelt, verfault oder zu schadhaft sein, bleibt nur der Komplettaustausch. Dem kann man durch aufmerksames Betreten des Raumes vorbeugen. Auch Dellen im Boden oder größere Schwankungen deuten auf einen schadhaften Boden hin!

Heizungs-Check

Wo befindet sich die Heizung? Welche Heizkörper sind angebracht und wie verlaufen die Rohre? Nicht selten wird per Berechnung des Sanitärprofis eine Heizleistung angenommen, die es ermöglichen würde, Ihre Wohnung trotz kalter Außentemperaturen sprichwörtlich »zum Kochen« zu bringen. Die Gewährleistung einer Sanitärfirma muss eine gewisse Heizleistung garantieren. Aber benötigen Sie diese auch? Schauen Sie also auf die Heizungsrohre – können vielleicht Heizkörper entfernt werden, um mehr Platz, Großzügigkeit oder Stellfläche für ein Möbelstück zu erhalten? Ist Platz für einen Austausch durch einen schmalen hohen, auch noch schickeren Röhrenheizkörper mit besserer Heizleistung da, so dass die vorhandenen Objekte entfernt werden können?

Wie aufwendig wäre der Austausch alter, oft dicker Rohre durch neue mit geringerem Querschnitt, die wesentlich weniger Wärmeverlust aufweisen, ohne dass diese nach der Neuverlegung durch die gesamte Wohnung verlaufen?

Wie alt ist die Heiztherme, falls eine Gasetagenheizung vorhanden ist? Hier lässt sich durch eine relativ kleine Neuinvestition enorm sparen, da die aktuellen Geräte deutlich effizienter sind. Gleiches gilt übrigens auch für vorhandene Küchengeräte. Nicht immer ist eine vorhandene Küche mit Geräten toll, die Sie vielleicht auch noch gegen Ablöse erwerben sollen. Achten Sie auf die Verbrauchswerte der Geräte. Was bringt Ihnen ein alter Kühlschrank, wenn sich allein durch die Ersparnis beim Verbrauch eines neuen Gerätes der Anschaffungspreis in kurzer Zeit rentiert? Ebenso bei der Geschirrspülmaschine, Waschmaschine etc. Denken Sie nach und lassen Sie sich nicht blenden allein von der Vorstellung, dass Sie bald eine eigene Wohnung mit vorhandener Einbauküche besitzen!

Fenster-Check

Vergessen Sie nicht, einen Blick auf die Fenster zu werfen. Fenster sind Erhaltungssache des Erwerbers – auch wenn die Fenster der Allgemeinheit gehören. Sie können also nicht einfach weiße Sprossenfenster durch grüne Fenster ohne Sprossen austauschen.

In den meisten Fällen werden die Fenster auch von jeder Partei im Haus selbst bezahlt, aber dann der Gemeinschaft übergeben. Das ist auch sinnvoll. Warum soll man aus dem Gemeinschaftstopf bezahlen, wenn eine Partei nur fünf Fenster hat, eine andere aber zwölf? Außerdem sind die Erneuerungszeitpunkte oft unterschiedlich.

Fenster sind im Laufe der Zeit zu pflegen, so kann man die Lebensdauer extrem verlängern. Schauen Sie also genau hin. Nicht nur von innen, sondern öffnen Sie das Fenster und schauen von außen: Sind die Scheiben fest mit Kitt umrandet, sind die Gummidichtungen bei Mehrfachscheiben in Ordnung und nicht brüchig, oder weisen sie schon kleine Risse auf?

Ganz wichtig ist aber die Abdichtung von Fensterrahmen zu Mauerwerk. Ist hier wirklich eine Abdichtung vorhanden, entweder mit Putz oder mit Silikon? Oder könnte man hier problemlos mit dem Messer zwischen Rahmen und Hauswand rutschen? Dann wird auch Wasser und Feuchtigkeit hineinziehen. Ein Fenster kann von außen noch so

gut gestrichen sein und frisch glänzen – wie aber schaut der nicht gestrichene Rahmen im Mauerwerk aus? Was nutzt Ihnen ein glänzend weißes Fenster, wenn der Rahmen im Mauerwerk durch Feuchtigkeit wegfault?

Dasselbe gilt für Balkone oder Terrassen:

Balkon-/Terrassen-Check

Bei Balkonen ist sehr oft ein Riss zum Mauerwerkanschluss zu sehen. Das deutet auf bereits vorhandene Feuchtigkeitsschäden hin. Bei meinem ersten Dachgeschossausbau waren die Balkone nicht zeitgemäß abgedichtet. Inzwischen sind sie gesperrt. Keiner darf mehr auf den Balkon gehen, da ein Absturz droht! Von außen sehen Sie nichts außer kleinen Rissen. Wasser bahnt sich aber immer seinen Weg und fließt zum tiefsten Punkt. Durch Temperaturschwankungen platzt im Winter eine Fuge weiter auf, und das Wasser dringt bereits bei leichtem Regen oder Dunst ein. Es sickert, von Ihnen unbeachtet, ins Mauerwerk und verursacht im unter dem

Balkon liegenden Geschoss Feuchtigkeitsschäden (diese können, wie auch im Tipp »Raufaser« (Seite 59), beschrieben, durch leichtes Abklopfen der Wände leicht ermittelt werden. Sie hören es, das Klopfen klingt »hohl« und »dunkler«, wenn sich der Putz bereits von der Wand gelöst hat und nur noch durch die Tapete gehalten wird). Helfen wird hier nur noch eine Sanierung der Balkone, und das ist für die gesamte Hausgemeinschaft richtig teuer. Ein Gerüst muss aufgebaut werden, die Balkone werden eingehüllt, damit keine Dinge auf die Straße fallen, dann werden die Balkone abgetragen und neu aufgebaut. Nicht selten sind die gesamten Träger, die ja im Mauerwerk angebracht sind, verrottet und werden komplett ersetzt! Solch eine Sanierung verschlingt oft die gesamte Gemeinschaftsrücklage. So müssen Sie mit einer Extraumlage rechnen, die Ihr Budget empfindlich treffen kann!

Umso einfacher ist es doch, gleich während der Besichtigung auf den Balkonanschluss zu achten. Auch ein Blick nach oben zu dem über Ihnen liegenden Geschoss hilft, um vielleicht Risse oder fehlenden Putz zu entdecken. Das ist ein deutliches Warnzeichen! Richtig ist nach heutigem Handwerkerwissen eine flexible Silikonfuge zwischen Mauerwerk-Außenwand und dem Balkonboden.

Hausgemeinschafts-Check

Weitere Anhaltspunkte für Ihren geplanten Erwerb gewinnen Sie, indem Sie ein Gefühl für das gesamte Objekt bekommen. Zu diesem gehört natürlich auch ein Blick rechts und links Ihres Weges, bis Sie zu ihrer Wohnung gelangen: Die Eingangstür, der Flur, die Briefkästen, der Treppenbelag. Wie ist ein Seitenflügel-Aufgang saniert? Wie alt sind die Briefkästen, und wie gepflegt ist die Innenhof-Anlage? Wo wird der Müll aufbewahrt, und wo ist Platz für Fahrräder vorgesehen? Wo Mülleimer und Fahrradstellplätze sind, können Geräusche entstehen. Nicht alle Eigentümer oder Mieter im Haus haben denselben Tages- und Nachtrhythmus wie Sie – und wer möchte schon regelmäßig durch sehr beschäftigte Nachbarn mit quietschenden Fahrradbremsen, durch zugeschlagene Mülleimer oder im Sommer gar durch Müllgeruch gestört werden? Möchten Sie wirklich eine Wohnung im Erdgeschoss erwerben, die Tonnen direkt vorm Fenster, und Ihre Miteigentümer scherzen, ob sie Ihnen ein Bio-Essen spendieren sollen, wenn sie aus den oberen Geschossen den Biomüll unten in den Hof bringen? An diesen Situationen können Sie aber wohl wenig ändern, da jedes Objekt auch eine gewachsene Gemeinschaftskultur hat. Lassen Sie sich die letzten drei Protokolle der Eigentümergemeinschaftsversammlungen geben. Hier finden Sie oft Hinweise auf die finanzielle Situation des Hauses. Probleme werden aufgeführt, und Instandhaltungsabsichten erwähnt und beschlossen. Auch am Abstimmungsverhalten oder an den Argumenten können sie ersehen, ob Sie penible Querulanten, nichtzahlende Miteigentümer oder was auch immer in der Gemeinschaft haben. Mit diesen Personen werden Sie ab dem Kauf regelmäßig zusammensitzen, um Belange des Hauses abzustimmen, zu diskutieren und Ihr gemeinsames Geld auszugeben. Unterschätzen Sie das nicht!

Fazit: Die Besichtigung

Erkundigen Sie sich nach den Besitzverhältnissen im Rest des Hauses. Sind die Wohnungen vermietet, oder wohnen die Eigentümer selbst in den Wohnungen?

Ein gutes Indiz in Hamburg und Berlin ist der Zustand des Treppenhauses. Eine gewisse Lässigkeit gehört heute dazu. Ist der Treppenaufgang mit Linoleum belegt oder mit einem Läufer? Wenn hier auch vereinzelt die Halterstangen herausgerutscht sind, so ist das gar nicht schlimm. Man kann sie einfach wieder einhaken. Es zeigt aber, dass die Bewohner auch nicht so spießig sind, dass sie während Ihrer vielleicht bevorstehenden Sanierung oder Umgestaltung bei jedem Geräusch die Polizei verständigen.

Im Laufe der Jahre habe ich gemerkt, dass eine gewisse Lässigkeit einer Hausgemeinschaft besser bekommt als allzu pedantische Bewohner, die bei jedem Fahrrad, welches nicht in Reih und Glied angeschlossen ist, sofort einen Zettel am Rad befestigen. Auch ein Blick in die Mülleimer ist ratsam. Wie genau trennen die Bewohner den Müll? Umso einfacher ist es auch für Sie, einmal doch etwas Biomüll in die normale Tonne zu werfen, ohne dass gleich eine Gemeinschaftseigentümerversammlung einberufen wird, um den Sündigen herauszufinden.

All diese Punkte würde ich als »weiche« Faktoren bezeichnen, die Sie aber doch bei der Besichtigung mit checken sollten. Denn Sie können kaum den Makler bitten, mit Ihnen sechs Besichtigungen zu veranstalten – eine, extra um herauszufinden, wie die Eigentümergemeinschaft tickt, ob der Müll an der richtigen Stelle steht, ob Sie Fahrräder sehen, ob die Briefkästen ordentlich gelehrt werden, oder ob der Teppich in allen Etagen sauber und gepflegt ausschaut. Ob Sie sich vielleicht in eine schlampige, aber glückliche Hausgemeinschaft einkaufen, oder Sie vielleicht die anderen stören, weil außer Ihnen niemand auf irgendetwas achtet. Ob Sie nach kurzer Zeit von allen gehasst werden, weil Sie der Eigentümergemeinschaft seit Ihrem

Erwerb einer einzelnen Wohnung meinen mitteilen zu müssen, was hier im gesamten Objekt falsch läuft.

Die Gewohnheiten und ungeschriebenen Regeln einer bestehenden Eigentümergemeinschaft werden Sie nicht ändern können. Eine besonders günstige Wohnung zu erwerben, und sei sie auch noch so schön, gut geschnitten, hell etc. – lassen Sie es sein, wenn es da Aspekte gibt, die Ihnen an den Miteigentümern nicht gefallen. Diese Umstände werden sich niemals ändern. Wenn ein Treppenhaus nicht geputzt aussieht – niemand wird daran nur wegen eines Eigentümerwechsels einer Wohnung etwas ändern! Keiner wird den Kosten für höhere Reinigungsgebühren der Gemeinschaftsumlage zustimmen. Auch vor der Wohnungstür ausgezogene Schuhe, Möbel vor der Eingangstür, Regale, in denen Kompost wartet, der irgendwann mitgenommen werden soll. Niemand wird sein Verhalten ändern, weil Sie das stört! Auch wird Ihr Nachbar unter Ihnen nicht nur, weil Sie nun über ihm wohnen, die leeren Bierflaschen auf seinem Balkon entsorgen!

Wenn ein Treppenhaus hingegen sehr neu und saniert ausschaut, jeder Spiegel im Eingang geputzt ist und die Messing-Türklinken strahlen, dann werden auch Sie dafür sorgen müssen, dass Ihre Verhaltensweise dem entspricht. Leere Flaschen einfach mal vor die Tür zu stellen, um sie aus der Wohnung zu bekommen. Kleinkram, der nicht sofort, aber demnächst in den Keller geräumt werden soll, sowie Altpapier, welches nicht in die Tonne im Hof passt, sondern direkt von Ihnen entsorgt werden müsste – diese Dinge werden demnächst ein Klingeln an Ihrer Wohnungstür bewirken, und Sie werden Ihre Miteigentümer sehr schnell kennen lernen. Überlegen Sie sich gut, ob Ihre Musiklautstärke oder Ihre Vorliebe für Schuhe mit Absätzen in der Wohnung so passend wären – ohne Teppich oder Trittschalldämmung käme das nicht so gut. Oft kann man hier vorbeugen. Haben Sie ein offenes Auge und fragen Sie den Makler, wer so im Haus wohnt.

NOTIZEN

KAPITEL 3

DER GRUNDRISS

Sie haben diverse Wohnungen besichtigt und sind nun so weit, dass Ihnen ein Objekt besonders gut gefällt? Betrachten Sie es genauer – wie war das Gefühl, als Sie durch die Wohnung oder das Haus gelaufen sind? Konnten Sie sich in Gedanken schon vorstellen, Ihre eigenen Möbel in diese Räume zu stellen? Es gibt Wohnungen, in denen mag man sich allein aufgrund der Aufteilung der Räume aufhalten – und es gibt Wohnungen, in denen fühlt man sich nicht so wohl. Achten Sie auf Ihre Wahrnehmungen und konzentrieren Sie sich auf Ihre Bedürfnisse – dann fällt es Ihnen auch leichter, den Grundriss, wenn Sie ihn als Zeichnung sehen, zu verstehen. Wenn Sie bei der Besichtigung auf viele Einzelheiten geachtet haben (wo ist der Stromzähler – wo werden also alle Elektroleitungen zusammengeführt –, wo ist ein Wasseranschluss, wo ein Abwasseranschluss, welche Wand ist massiv, welche vielleicht nur als Zwischen-Leichtbauwand errichtet), dann können Sie sich, wenn Sie sich den Grundriss vornehmen, auch ganz einfach Änderungen überlegen. Entscheiden Sie sich für eine Wohnung, so sollten Ihre Bedürfnis-

se für die nächste Zeit darin zu verwirklichen sein; aber auch mögliche zukünftige Veränderungen, etwa im Fall von Familienzuwachs, sollten, so es denn die Größe des Objekts hergibt, wenigstens in Gedanken einmal durchgespielt werden. Was ermöglicht Ihnen dieses Objekt, wie können Sie die Wohnung gestalten, so dass sie Ihnen optimal gefällt und Individualität erkennen lässt? Darum geht es in diesem Kapitel.

Stellen Sie sich Ihre zukünftige Wohnung mit den Grundmauern vor. Sobald Sie den Kaufvertrag unterschrieben haben, wird Ihnen alles innerhalb der Wohnung gehören. Jede Wand kann man einreißen. Jeden Boden austauschen. Jede Leitung verlegen. Jedes Rohr dorthin legen, wo es Ihnen einfällt.

Aber den Grundriss – den sollten Sie studieren und überdenken, bevor Sie einziehen.

Was mögen Sie?

Und hier kommt es ganz auf Ihren persönlichen Geschmack an: Viele Menschen sind ratlos. Sie wissen nicht spontan, wie sie es gerne hätten bzw. was sie überhaupt mögen und wollen. Sie besichtigen 20 bis 30 Wohnungen und können sich immer noch nicht entscheiden. Sie betreten eine Wohnung: »Ach, das Bad ist aber groß! Oh, ein Arbeitszimmer mit zwei Türen, das Schlafzimmer ist aber klein, da passt mein Bett gar nicht rein« – oder, nun kommt mein Lieblingszitat: »Die Küche hat aber gar keinen Geschirrspüler!« Ich helfe Ihnen:

Wenn Sie in den Urlaub fliegen, hat Ihr Hotelzimmer evtl. ein zugehöriges Bad mit Glastrennwand zum Raum, eine Waschschale statt Waschbecken, einen Wandauslass statt Duschbrause. Das entspricht vielleicht nicht Ihrem persönlichen Geschmack, aber … es ist ein Urlaubshotel. Genauso sollten Sie die Wohnung sehen, die Sie besichtigen. Zum Besichtigungstermin gehört sie noch einem anderen. Nicht Ihnen! Und wenn in der Küche kein Geschirrspüler ist, heißt das nicht, dass Sie, wenn die Wohnung Ihnen erst einmal gehört, keinen kaufen und hinzufügen könnten:

Sammeln Sie über einen gewissen Zeitraum Bilder von Wohnungen,

auch Fotos von Zimmern und Details, die Ihnen gefallen. Überlegen Sie, was Sie praktisch finden und was Sie einfach nur als Schnickschnack ansehen. Nicht jeder empfindet es als Traum, in einer offenen Küche mit Betonplattenoptik zu kochen oder einen 3-D-Flatscreen als Haupt-Eyecatcher im Wohnzimmer sein Eigen zu nennen.

Flur

Mögen Sie es, in die Wohnung hineinzukommen, die Schlüssel abzulegen, die Schuhe auszuziehen und zu verstauen? Finden Sie es gut, eine Garderobe zu haben?

Oder mögen Sie es, einen offenen Raum zu betreten? Die Küche vielleicht in Reichweite, um hier Sachen abzulegen, den Schlüssel in die Schublade zu legen, die Einkäufe gleich an Ort und Stelle zu verstauen und Ihre Wohnung im Ganzen gleich im Blick zu haben?

Auf der anderen Seite wäre es vielleicht nicht schön, aus allen Richtungen der Wohnung Ihre persönlichen Utensilien immer anzusehen. Gäbe es eine Möglichkeit, durch eine

Nische oder einen abgetrennten Bereich diese Dinge unsichtbar zu verstauen?

Viele Wohnungen sind so konzipiert, dass ein Flur erst einmal die übrigen Zimmer trennt. So wirkt eine kleine Wohnung noch kleiner, und eine große Wohnung wirkt zerstückelt. Warum lassen Sie Ihre vier Wände nicht an der Wohnungstür beginnen? Sie treten ein – und alles ist Ihr Reich. Überlegen Sie: Weniger umbaute einzelne Zimmer bedeuten weniger Wandfläche – und somit weniger Arbeit. Weniger Sanierung, weniger Tapeten abkratzen. Weniger tapezieren, verputzen und neu streichen. Weniger Farbe und Material, egal ob Sie jemanden beauftragen oder es selbst versuchen.

Schauen Sie sich die Quadratmeter der Wandflächen an, die Sie bearbeiten müssten. Eine Tür, das sind meistens zwei Quadratmeter – bis zur Deckenhöhe ergeben sich schnell sechs bis acht Quadratmeter, auch für eine kleine Wand. Da die Bearbeitungsfläche auf beiden Seiten entfällt, sparen Sie hier locker durch nur eine Öffnung und

Vergrößerung des Raumes 15 bis 20 Quadratmeter, die nicht bearbeitet werden müssen! Das ist eine Menge Material, welches Sie nicht kaufen müssen.

Vom Flur geht ein Gäste-WC ab?

Gäste-WC

Überlegen Sie, ob Sie wirklich ein Gäste-WC brauchen. Bei mehreren Personen im Haushalt ist es schön und bequem, ein Ausweich-Örtchen zu haben. Auch ist das Hauptbad nicht immer so repräsentativ aufgeräumt, um jederzeit Besuch hineinzulassen.

Wenn Sie aber eher einen Single-Haushalt führen oder zu zweit sind – dann ist der Platz des bisherigen Gäste-WCs eventuell geschickter als Waschmaschinen- / Trocknerraum zu nutzen, auch eine Garderobe oder ein Schuhregal könnte dort aufgestellt werden.

Oder aber der Raum kann ganz entfallen?

Haben Sie die Kosten für die Renovierung bitte wieder im Hinterkopf und die Wohnung wird noch um einen Raum und eine ganze Fläche größer, und attraktiver!

Wenn Sie das Gäste-WC belassen wollen, denken Sie nach, welche Bedürfnisse es erfüllen soll. Muss auch zusätzlicher Stauraum entstehen? Wo haben Sie etwas gesehen, was Ihnen gefällt, das Sie hier umsetzen könnten, um

- Platz zu sparen,

- die Löhne für eine Sanierung zu reduzieren,

- die Materialkosten zu senken,

und dabei trotzdem den vollen Komfort zu haben sowie alle Annehmlichkeiten, die alle Räume in der weiteren Checkliste bieten sollen.

Küche

Hier werden Sie einige Überlegungen anstellen müssen. Die Küche ist neben dem Bad der größte Kostenfaktor. Da – wie gesagt – nun alles Ihnen gehört, muss es vielleicht nicht gleich die Markenküche für

60 000 Euro sein. Klar ist die nett: Aber überlegen Sie ganz sachlich, was Sie an einer richtig teuren Küche so toll finden, und ich zeige Ihnen Alternativen:

Viele Standardküchen betreten Sie, rechts und links sind Einbauschränke. Unterwärts Schränke mit Funktionsgeräten wie Herd, Geschirrspüler, Kühlschrank, manchmal sogar eine Waschmaschine. Viele Türelemente und, ebenfalls Standard, ganz viele Schubfächer. Bei diesen Schubladen ist es doch so, dass Sie auch als Fremder in einer Wohnung meist immer wissen, was die Gastgeber in welcher Schublade haben. Zielgerichtet könnten Sie in jeder deutschen Küche in den Schubladen Feuerzeuge, Esslöffel oder auch Klebeband finden.

Ist es nicht mal an der Zeit, dieses Klischee zu überwinden? Wollen Sie Einrichten à la Großmutter oder mal was Neues in Ihren vier Wänden?

Ebenso die so genannten Oberschränke: Wie erwähnt betreten Sie im Laufe von Besichtigungen oder auch zur Information in Geschäften viele Küchen. Sie sehen neben den Unterschränken die passenden Oberschränke, aufgelockert durch eine Abzugshaube, wenn Sie in einem vermeintlichen Luxushaushalt sind. Diese Küchenaufteilung ist nach meinen Recherchen von 1960 – das ist mehr als 50 Jahre her!

Betrachten Sie Ihre jetzige Küche und überlegen Sie, wie viel Platz Sie wirklich haben müssen! Was könnte vielleicht einmal entsorgt werden, weil Sie es schon ewig nicht gebraucht haben? Müssen Sie drei oder vier verschiedene Dekore an Geschirr aufbewahren und für jede Anzahl von möglichen Gästen gewappnet sein?

Mein Rat ist eindeutig ein Nein – somit könnten zumindest Oberschränke entfallen und – egal wie groß Ihre neue Küche auch ist, es wird Platz entstehen für eine freie Fläche. Mit zusätzlichem Platz kommt Ihnen auch hier vielleicht der Gedanke, eine Wand zu öffnen und die Küche in einen Wohnraum übergehen zu lassen. Durch mehr Platz könnten Sie Ihre Traumküche schaffen:

- integrierte Essgelegenheit in der Küche

- Hochtheke, um mit Laptop und Kaffee gemütlich auch aus dem Fenster schauen zu können

- großzügige Wandgestaltung durch Fliesen, Spiegel oder Glasfläche

Ich kenne Ihren Traum von einer Küche nicht, aber durch eine Variation des Grundrisses geben Sie Ihren Wünschen mehr Raum.

Zuletzt die Fronten: Weniger Schränke bedeuten weniger Fronten, und diese sind bekanntlich am teuersten. Einen Tipp gab mir ein Tischler: Nimm eine IKEA-Küche und lass die Fronten beim Tischler anfertigen. In Amerika werden Schränke und Fronten einfach mit Farblack gestrichen. Das wirkt neu, passt zum Geschmack der Zeit, da Sie eine Farbe auch wechseln können, ohne viel zu viel Geld für eine Intarsienapplikation aus Holz zu bezahlen!

Hier bieten sich viele Möglichkeiten. Später, im Kapitel »Renovierung« gibt es weitere Ideen, um ganz konkret weniger Geld auszugeben!

Wohnzimmer, Arbeitszimmer

Wie viele Räume hat Ihre neue Wohnung, und wie viele Räume benötigen Sie?

Manchmal sind Wohnungen so aufgeteilt, dass sie ein kleines Wohnzimmer bieten, dann ein Arbeitszimmer, ein Extrazimmer und noch ein Schlafzimmer. Jeder der einzelnen Räume ist jedoch relativ klein. Analysieren Sie diese Wohnung nach dem Nutzen. Brauchen Sie einen getrennten Arbeitsbereich, oder würde sich in einen großzügigeren Wohnraum nicht auch eine Arbeitsecke integrieren lassen? Verschachtelte Räume? Fragen Sie sich, ob Sie diese so nutzen wollen. Alternativ einfach Wände entfernen und einen großen Raum schaffen, um mit Familie oder Gästen mehr Gemeinsamkeiten zu entwickeln. Überprüfen Sie auch Schrankwände, Vertäfelungen auf ihre Notwendigkeit, wenn diese nicht gerade als besonderer Hingucker dienen sollen. Blättern Sie in Wohnmagazinen und finden Sie eine Art von Wohnzimmer heraus, welches Ihnen gefällt – orientieren Sie sich nicht nur

an Einrichtungshäusern, hier wird man nur versuchen, Ihnen möglichst viel zu präsentieren und alles komplett zu verkaufen.

Natürlich wird in einem Einrichtungshaus auch eine voluminöse, extragroße Sofalandschaft gut präsentiert. Ein Esstisch mit acht passenden Stühlen sowie eine schon fertig dekorierte Schrankwand mit Mittelteil, beleuchteten Glasvitrinen, TV-Regal etc. Sie müssen die Einzelteile nur gut finden und kaufen.

Der Hersteller will verkaufen.

Aber haben Sie wirklich überlegt, was Sie in einem Wohnzimmer unterbringen? Wozu dann einen großen Schrank haben, wenn doch die TV-Technik immer flachere Fernseher produziert, kabellose Soundsysteme anbietet, um »schlanker« und »kabellos« zu sein – Sie aber an der Schrankwand festhalten, in der es eigentlich platztechnisch egal wäre, ob Sie einen alten Röhren-TV auf einer eingebauten Scheibe in Sichtachse drehen oder Geld ausgeben für einen neuen Flat-Screen.

> **TIPP:**

Überlegen Sie, was zeitgemäß ist. Wie viel Zeit verbringen Sie in welchem Wohnbereich und warum? Orientieren Sie sich nicht an Einrichtungshäusern. Hier wird Ihnen zwar die ganze Fülle von Möglichkeiten präsentiert, was Sie aber im Stadium der Planung sowie der Grundriss-Frage nur irritieren würde. Wenn Sie waschen, nutzen Sie doch auch 30°–60° und kochen nicht alles bei 90°. Dosieren Sie also auch Ihre Bedürfnisse und finden Sie anhand von realen Beispielen und Zeitungen heraus, was für Sie infrage käme, wohin Sie sich wohntechnisch entwickeln möchten!

Kinderzimmer

Haben Sie Familie, und jedes Kind möchte ein Zimmer? Es wäre ein Luxus, den sich nicht alle Familien leisten können.

Planen Sie die Lage der Kinderzimmer so, dass die Kinder von der Lautstärke, wenn Sie feiern, mit Freunden etwas trinken oder TV schauen, nicht gestört werden. Kinder dürfen ihr eigenes Reich haben. Gleichzeitig seien Sie aber realistisch genug, zu wissen, dass sich am Tag sowieso das Spielzeug in allen Räumen befindet, nur nicht im Kinderzimmer. Gönnen Sie sich den Luxus, lieber ein größeres Wohnzimmer zu haben, vielleicht eine offene Küche,

um die vorhandene Zeit, die Ihnen neben Job und Arbeit bleibt, auch gemeinsam zu nutzen, aber nicht übereinander zu stolpern – nur weil das Kinderzimmer größer ist, als es sein müsste. Wenn eine Wohnung Ihnen gehört, dann überlegen Sie anhand des Grundrisses, ob Sie vielleicht ein Kinderzimmer verkleinern, dafür aber den gemeinsamen Wohnraum großzügig gestalten. Ich habe Wohnungen gesehen, wo im Zimmer eines einjährigen Kindes eine Schrankwand stand, die Wiege und sonst nichts. Es war dort mehr Stauraum vorhanden als im gesamten Wohnzimmer der Familie. So eine Situation, verbunden mit den Abzahlungen der Kredite jeden Monat – da macht Eigentum wohl kaum Spaß!

Schlafzimmer

Ein Schlafzimmer dient der Ruhe – wie groß sollte Ihr Bett sein, um sich wohl zu fühlen? Planen Sie auch hier angemessen nach Ihren Bedürfnissen. Niemand legt fest, dass Sie, wenn sich ein Single-Status ändert, nicht ein größeres Bett aufstellen können. Ebenso können Sie ein Bett hinausräumen, wenn sich ein Partner verabschiedet hat. Warum leben Sie dann mit zwei Betten, zwei Matratzen, zwei Nachttischchen, Lampen etc.? Ihre Bedürfnisse haben sich doch geändert? Nutzen Sie die Chance, auf das Neue zu schauen, heute beginnt der Rest ihres Lebens! Es ist Ihre Wohnung, nur Ihre, und genau so sollten Sie auch wohnen.

Badezimmer

Heutige Badezimmer sind oft großzügiger als früher. Weil die Hersteller erkannt haben, dass man sehr viel Zeit mit Körperpflege verbringen muss, da braucht man mehr Platz. Im Vergleich war ein Bad früher eher klein, oft fehlte sogar eine Heizung. Schon damals hat man

sich an den Bedürfnissen bzw. wohl eher an den Möglichkeiten orientiert.

Heute muss ein Bad eine Wohlfühloase sein. Hier ziehen Sie sich zurück, drehen das heiße Wasser auf, duschen, baden – ganz wie Sie mögen. Ein speziell entwickelter Badheizkörper, ein Handtuchtrockner, dient jederzeit mit angewärmten Handtüchern. Warum sollten Sie also das Thema »Bad« so dezent abhandeln, wie es schlichte Mietwohnungen mit weißen Standardkacheln, Stand-Tiefspül-WC und breitem Waschtisch vorgeben? Dazu der Plastikschrank, in dem Ihre Utensilien regelmäßig herunterfallen, weil zu wenig Platz ist. Haben Sie es sich nicht verdient – wenn Sie schon Raten zahlen –, mehr vorzufinden als eine Stromstrippe rechts und links vom Waschbecken in Standardhöhe 1,80 m – hier sollen Sie dann eine Badleuchte anbringen!

Da fällt mir etwas Besseres ein, und Sie sollten sich überlegen, was Sie im Bad am liebsten haben und wie viel Zeit Sie hier verbringen wollen. Dann sind Sie auf dem richtigen

Weg, Ihrer neuen Wohnung den persönlichen Schliff zu geben! Und verzweifeln Sie nicht an den vielen Möglichkeiten. Dabei ist es aktuell egal, ob:

- Ihr Budget nicht reicht, jetzt alles zu machen,

- Ihre Zeit nicht reicht, alles jetzt sofort selbst zu sanieren,

- Sie einfach nicht alles jetzt unmittelbar nach dem Kauf und noch vor dem Umzug machen lassen können oder wollen!

Warum, weshalb und wieso Ihre Planungen jetzt nach Kauf anders aussehen, als es vielleicht in den Köpfen vieler Menschen sein sollte – das ist egal! Niemand verzichtet auf Urlaub, nur weil in diesem Jahr vielleicht kein Hotel mit Strandblick gebucht wird. Das verraten Sie auch keinem. Sie sind auch nicht traurig, in diesem Jahr nicht mit Strandblick aufzuwachen. Liegt es daran, dass Sie Geld für mehr Ausflüge ausgeben wollen oder sich zuvor in der Heimat einen Anzug gekauft haben oder einfach nur rational überlegt haben, auf den Strandblick verzich-

ten zu wollen, dafür aber etwas anderes on top zu bekommen? Das Geld reicht nicht immer für alles – setzen Sie Ihre eigenen Prioritäten.

Eine Wohnung zu kaufen und zu beziehen ist in meinem Vergleich wie Urlaub machen. Sie machen Urlaub, nicht Ihre Nachbarn oder Kollegen. Genauso kaufen Sie eine Wohnung. Verwirklichen Sie Ihre Vorstellungen! Dabei sollten Sie allerdings Fehler vermeiden.

Also angenommen, Sie wollen zwei Waschbecken haben und eine große Wanne. Außerdem noch ein WC, welches an der Wand hängt und nicht auf dem Boden steht. Ihr Budget gibt es aber derzeit nicht her. Weil Sie überall sparen müssen oder sparen wollen! Trotzdem sanieren Sie jetzt die Wohnung, überlegen sich den Grundriss und fliesen Ihr Bad jetzt neu. Auch wenn das Geld aktuell nicht für alle Wünsche reicht. Es ist einfach, ein WC auszutauschen. Es ist simpel, ein neues Waschbecken anzubringen oder die Wasserhähne auszuwechseln. Voraussetzung ist nur, dass Sie sich vor der Sanierung im Klaren sind, was Sie später einmal an welcher Stelle haben möchten. Liegen nämlich Leitungen an diesem Wunschort, soll das WC also zum Beispiel einmal hinten rechts im Raum angeordnet sein, können Sie jederzeit das verwirklichen, was Sie vorbereitet haben! Wenn die Leitung bis hierhin verlegt wurde, können Sie, wann immer Sie Geld haben für ein Spülelement und das WC mit Drückergarnitur, dieses hier anbringen!

Nochmal einen Blick zurück auf das Gäste-WC im Eingang. Nur weil Sie ein Gäste-WC vorübergehend oder gar nur für Ihre momentane Lebensphase »stilllegen«, muss das nicht für den Rest Ihres Lebens gelten – die Leitungen werden einfach verdeckt. Sie können jederzeit wieder die ursprünglichen Anschlüsse nutzen. Vergessen sie nicht:

Es ist Ihre Wohnung, und diese kann verdammt flexibel sein, wenn Sie sich Ihre Ansprüche nicht verbauen, sondern offenhalten.

Stauraum

Bei einer meiner letzten Besichtigungen stand im Flur ein Wandschrank im 50er-Jahre-Style. Hier verschwand wohl einmal der Staubsauger oder der Wischeimer – zugegeben, das Holz war nicht mehr schön anzusehen. Doch prompt händigte der Makler einen Kostenvoranschlag aus, welcher aufzeigte, für »nur 3 000 Euro« diesen Einbauschrank auszubauen und die Nische zu verputzen, um dann eine einfache neue Tür einzusetzen. Es gab wirklich Interessenten, die über diese Alternative nachdachten.

Also 3 000 Euro für das Herausreißen eines Wandschranks aus den 50ern ausgeben – meiner Meinung nach ist das verrückt.

> ➤ *Tipp:*
>
> *Kleine Abrissarbeiten können Sie selbst übernehmen, und das sollten Sie sich beweisen. Dazu müssen Sie kein Fachmann sein. Eigenheiten einer Wohnung sollten Sie erhalten – das macht eine individuelle Wohnung aus.*

Stöbern Sie wieder in Wohnzeitungen. Gefällt Ihnen das nicht auch, wenn etwas Ursprüngliches in der Wohnung belassen und in das Neue integriert wurde?

Ein alter Ofen, der vielleicht am Anfang gar nicht zu Ihrem Stil passt. Eine Abstellkammer mit alter Tür, die Ihnen jeder rät auszutauschen. Spezielle alte Fensterknäufe oder ein Vorsprung im Mauerwerk, der bei der ersten Besichtigung Ihren Blick stört, etwa ein Einbauschrank im Flur, der in den »Witwenwohnungen« der Genossenschaften typisch war.

Versuchen Sie diese Elemente, die einfach zur Wohnung gehören und vorhanden sind, zu bewahren. Ebenso vielleicht einen alten Terrazzoboden. Das schaut am Ende besonders aus, verleiht der Wohnung Charme; aber zuallererst ist es ein Kosteneinsparpunkt par excellence!

Fazit: Der Grundriss – Ihre Persönlichkeit

Haben Sie nun überlegt, was Sie in Ihrer Wohnung verändern können? Welche Wände sind massiv? Wo hilft ein Durchbruch, um individueller zu werden? Wo kann eine Wand einfach herausgerissen werden?

Wo planen Sie zeitgemäßen »Luxus« ein? Vielleicht muss eine Waschmaschine oder ein Trockner nicht wie in jeder Standardmietwohnung im Bad stehen oder in der Küche als Unterbaumodell integriert sein? Wo bleibt Ihre Wäsche? Ihre Kleidung?

Finden Sie Platz, im Flur eine Nische zu organisieren, jedoch bad- oder küchennah, um die Waschmaschine an vorhandene Leitungen anschließen? Ist irgendwo Platz für einen Einbauschrank, um dort Ihre Kleidung zu verstauen? Jeder Schrank kostet Geld, jedes Schränkchen zehrt an Ihrem Budget. Jeder Spiegel mit Rahmung ist teurer als einer, der einfach in eine Nische eingeklebt wird und von Wand zu Wand reicht!

Jede Sitzbank ist teurer als ein Wandvorsprung, der irgendwo, wo Sie sowieso einen Sitzplatz möchten, einfach eingemauert wird! Jeder einzeln gestellte Küchenschrank ist teurer, als den Herd oder den Kühlschrank in der Wand verschwinden zu lassen, weil sich dahinter sowieso ein Leerraum befindet, ein leerer und ungenutzter Schornstein liegt oder Sie von der anderen Seite geschickt Ihren Kleiderschrank planen.

Ein Freund von mir bezieht gerade seine neue Wohnung. Anstelle einer Wand trennt er sich von einem Zimmer einen Ankleideschrank ab. Anstelle von Dämmung, Rigips-Platten und Ständerwerk benutzt er einfach seinen Kleiderschrank ohne Türen als Zimmertrennwand. Auf diese Weise hat er eben mal 1 800 Euro Kosten durch einen Trockenbauer gespart. Effektiver als ein voller Kleiderschrank kann eine Rigips-Wand im Innenbereich auch nicht dämmen. Der Kleiderschrank reicht von Wand zu Wand – perfekt nachgedacht und geplant.

Diese Dinge lohnen sich natürlich nicht in einer Mietwohnung. Bei Eigentum sind aber genau diese Gedanken ratsam und helfen Ihnen, richtig Geld zu sparen!

Diese diversen Überlegungen über Veränderungen für Ihre Bedürfnisse müssen Sie anstellen, bevor Sie anfangen zu sanieren. Sie beginnen damit aber ganz automatisch, wenn Sie etwas Routine im Besichtigen von Objekten bekommen haben: Am besten haben Sie all diese Dinge schon im Kopf, wenn Sie in eine Wohnung hineinkommen, alles auf sich wirken lassen und als Beispiel die Wände in der Wohnung abklopfen, um festzustellen, welche Wand massiv ist und welche nicht. Wenn Sie das intuitiv machen, dann sind Sie auf dem richtigen Weg!

NOTIZEN

KAPITEL 4

DAS GELD

Trotz aller Euphorie und allem Enthusiasmus – der Lust aufs Leben in den eigenen vier Wänden folgt nun die alles entscheidende Frage: Wie bezahlen Sie das alles?

Ein großer Fehler, den Sie machen können, ist, sich durch das Thema Geld und Ihre Möglichkeiten allzu sehr beschränken zu lassen, auch wenn Ihnen das Thema »Geld« und »wie kann oder soll ich mir das alles leisten« immer im Kopf herumschwirrt! Ob es am Ende eine Wohnung oder ein Haus wird, das Sie finanzieren, ist nicht die entscheidende Frage – die entscheidenden Fragen sind, welche Größe Sie sich zumuten, um sie bei einem bestimmten Quadratmeterpreis bequem bezahlen zu können, und welchen Zustand Sie sich aussuchen. Wie viel Eigenarbeit wollen Sie investieren?

Es bringt also nichts, sich bei den einzelnen Kapiteln vom Geld beeinflussen zu lassen! Sie sollten Ihren Rahmen ausloten und Ihre Kriterien ordnen. Und die sind individuell verschieden. Für den einen ist die Größe entscheidend, weil eine Wohnung gewünscht wird mit

nicht mehr als 120 qm, daher werden nur Wohnungen von 100 qm bis 140 qm ausgewählt. Für den anderen ist es ein Maximalpreis von z.B. 140 000 Euro, und dabei ist es egal, wie groß die Wohnung ist, und so schauen Sie nach Wohnungen in der Spanne von 100 000 bis 200 000 Euro. Für mich ist immer eine Kombination aus Grundpreis, Ausstattung und Grundriss entscheidend – ich suche mir die Wohnungen so aus, dass ich individuell viel verändern kann, um später einen höheren Wertansatz zu erreichen.

Grundsätzlich gilt für alle Kapitel dieses Buches: Wenn Sie noch kein Profi sind, vermischen Sie niemals die einzelnen Überlegungen miteinander: Beim Thema »Grundriss« konzentrieren Sie sich ganz auf Ihre Bedürfnisse und darauf, wie Ihnen Ihre Wohnung gefallen könnte – lösen Sie sich bitte von Überlegungen, die Sie im Kapitel »Besichtigung« angestellt haben. Beim Thema »Besichtigung« ging es allein um die Qualität und die Rahmendaten, die die zu besichtigende Wohnung hat, bzw. um das, was man bei der Besichtigung schon ausloten kann und was an Sanierung auf Sie zukommt oder welche Möglichkeiten sich bieten.

Jetzt, beim Thema »Finanzen«, lösen Sie sich von allem anderen. Denken Sie nicht an den Einkauf im Einrichtungshaus und daran, wie schön eine von Ihnen entdeckte Sofacouch für einen speziellen Betrag in das Wohnzimmer passen wird, oder an den fehlenden Geschirrspüler in der zuletzt besichtigten Wohnung. Jetzt spielen wir die einzelnen finanziellen Möglichkeiten durch!

Die eigene Bank

Als Erstes sollten Sie bei der Bank nachfragen, bei der Sie Kunde sind. Gleichzeitig testen Sie damit, wie aufgeschlossen Ihr Kreditinstitut für Ihre Idee ist, Eigentum zu erwerben. Die Antwort wird Sie überraschen. Vielleicht wird sie nicht so positiv ausfallen, wie Sie denken – aber das ist erst der erste Schritt.

In diesem Kapitel geht es um die finanziellen Chancen, um Ihre ganz

persönlichen Möglichkeiten: Ihr Berater wird Ihnen eine Liste geben oder Ihnen eine E-Mail senden mit der Bitte, einige Informationen und Dokumente einzureichen, da die der Bank vorliegenden Zahlen nicht aktuell seien. Im Einzelnen wird Folgendes von Ihnen verlangt werden:

- aktuelle Selbstauskunft (ein Vordruckformular der Bank mit Fragen zu Ihren Vermögensverhältnissen) inkl. Nachweis zur privaten Krankenversicherung

- Kreditverträge von Fremdbanken

- SCHUFA-Auskunftsermächtigung

- Ihre letzten beiden Einkommensteuererklärungen und -bescheide

- Jahresabschlüsse der letzten beiden Jahre

- falls Sie selbstständig sind: aktuelle, ggf. vorläufige Geschäftszahlen

Diese Anhänge zu öffnen und auszufüllen macht weniger Spaß, als durch Wohnungen zu flanieren und zu bemerken, dass der Geschirrspüler fehlt, die Fliesenbordüre im Bad nicht akzeptabel ist und sowieso diese oder jene Wohnung nicht das ist, was Sie suchen. Face Reality: Die Fakten sind gefragt. Listen Sie möglichst gefühllos alles auf, ohne die Lust auf Eigentum zu verlieren. Da müssen Sie jetzt durch – es wird am Ende besser.

Die Bank, die Sie vielleicht schon jahrelang betreut, möchte Sie als sicheren Kunden einstufen. Alle Ihre Angaben werden, zusammen mit Ihren Kontobewegungen, im Computer gegengecheckt und ergeben eine Kreditsicherheitseinstufung. Hier näher einzusteigen führt zu weit; Kriterien sind unter anderem, wie oft Sie im Dispo-Rahmen sind, wie viel Geld monatlich eingeht etc.

Andere Kreditinstitute

Anhand der von der Bank zusammengestellten Einschätzung sollten Sie sich selbst noch einmal hinterfragen. Haben Sie Ihre eigenen finanziellen Möglichkeiten realistisch eingeschätzt, oder wird Ihnen bewusst, dass Sie doch nicht so gut dastehen wie gedacht?

Andererseits: Es gibt andere Kreditinstitute, und Sie sollten einmal die Einstufung der Bank durch eine andere Bank überprüfen lassen: Jede neue Bank möchte Sie als Kunden gerade im Immobilienbereich, da es hier meistens um langfristige Verträge geht und eine Bank mit Ihnen über die nächsten Jahre fest eingeplantes Geld verdienen wird, nämlich Ihre Zinsen!

Es gilt, die Fragen der Selbstauskunft auch einmal aufmerksam zu hinterfragen!

Mit dem Erwerb Ihrer Immobilie sollen Sie besser dastehen als ohne – dazu haben Sie dieses Buch gekauft! Ich möchte Ihnen zeigen, wie Sie mit dem Erwerb Geld verdienen. Also müssen Sie das Bankensystem, welches in Deutschland auf Sicherheit, Konstanz und Kreditwürdigkeit basiert, nutzen.

Ja, Sie lesen richtig. Kennen Sie Ihre Grenzen? Wissen Sie, wie weit Sie

Selbstauskunft[1,2]

Zur bankinternen Bearbeitung
Nr.

1 Angaben zur Person
1.1 Antragsteller

Name, Vorname (ggf. auch Geburtsname)	Geburtsdatum
Straße, PLZ, Wohnort, Telefon	
Familienstand/Zahl der unterhaltsberechtigten Personen/ Güterstand	Staatsangehörigkeit
Beschäftigt bei/als/seit (Fa. mit Anschrift)	selbstständig ☐

1.2 Mitantragsteller/Ehegatte/Bürge

Name, Vorname (ggf. auch Geburtsname)	Geburtsdatum
Straße, PLZ, Wohnort, Telefon	
Familienstand/Zahl der unterhaltsberechtigten Personen	Staatsangehörigkeit
Beschäftigt bei/als/seit (Fa. mit Anschrift)	selbstständig ☐

sich bewegen können? Es ist wie im Urlaub. Wenn Sie die Absperrboje im Wasser sehen, wissen Sie, wie weit Sie schwimmen dürfen. Achtung, ab dort wird es gefährlich! Sind Sie der Typ, der beruhigt bis zur Boje vorschwimmt, die Wellen des Ozeans zwar spürt – aber darauf vertraut, dass andere, die sich auskennen, wissen, bis wohin man gefahrlos schwimmen kann?

Genauso ist das bei deutschen Banken. Niemand gibt Ihnen einen Kredit, ohne dass er sicher ist, dieses Geld auch verzinst wiederzubekommen. Die Zinssätze werden sicherlich variieren. Die Zinssätze werden höher, je weiter Sie der Boje im offenen Meer entgegenschwimmen – je sicherer Sie als Kunde eingestuft werden, desto niedriger sind die Ihnen angebotenen Zinssätze, daran können Sie sich orientieren.

Ihr persönliches Wohneigentum ist zum Greifen nahe. Aber dazu müssen Sie zumindest eine Zeit lang bereit sein, ein Risiko einzugehen. Die Gewissheit, dass andere (die Ihnen das ermöglichen und finanzieren) Ihnen vertrauen und Ihnen vor allem das Projekt »eigene vier Wände«

zutrauen, ist in dieser Situation hilfreich. Also: Testen Sie Ihre Chancen!

Schauen Sie sich den Fragebogen der Bank genau an. Welche Möglichkeiten haben Menschen grundsätzlich, die persönlich vielleicht gar nicht ausgenutzt werden, da Sie annehmen, sich finanziell außerhalb Ihres aktuellen Wirkungsfeldes zu bewegen? Diese Bank-Selbstauskunft deckt alle Individualbürger und die verschiedensten finanziellen Aspekte ab – was können Sie also lernen, und wo stecken neue Ideen, die Sie bisher vielleicht noch nie genutzt oder überhaupt in Erwägung gezogen haben? Was deutet in diesem Fragebogen auf Seriosität hin – und was schmälert das Kreditvertrauen?

Nur weil Sie bei einer Bank keinen Kredit bekommen oder vielleicht sogar Ihre Hausbank Ihnen abrät, müssen Sie nicht von Ihrem Plan abrücken. Ein anderes Institut freut sich über Sie als Neukunde, denn Sie bezahlen schließlich Zinsen und Gebühren! Aber seien Sie mit Ihrer Bank und in finanziellen Dingen allgemein immer ehrlich! Klar können Sie hier und da, wenn man Sie nach persönlichen Verhältnissen

2 Vermögensverhältnisse (in TEUR)

	Antragsteller	Mitantragsteller/Ehegatte/Bürge
– Immobilien^2 (Verkaufswert)		
– Bankguthaben		
– Wertpapiere (Kurswert)		
– Betriebsvermögen		
– Beteiligungen^2		
– sonstiges Vermögen^3		
Summen		

3 Verbindlichkeiten (in TEUR)

– Hypotheken/Grundschulden (Valuten)		
– sonstige Bankkredite		
– Wechselverbindlichkeiten		
– Bürgschaften		
– Steuerverbindlichkeiten		
– sonstige Verbindlichkeiten		
– Leasingverbindlichkeiten		
Summen		

4 Einkommen p. a. (in TEUR)
(lfd. Jahr, letztes Jahr, vorletztes Jahr) ☐ **brutto** ☐ **netto**

	(Jahr)	(Jahr)	(Jahr)	(Jahr)	(Jahr)	(Jahr)
– aus Gewerbebetrieb						
– aus selbstständiger Arbeit						
– aus nicht selbstständiger Arbeit						
– aus Beteiligungen						
– aus sonstigen Kapitalvermögen						
– aus Vermietung und Verpachtung						
– sonstige Einkünfte						
Summen						

1 Für SCHUFA-Klausel bitte gesonderten Vordruck verwenden.

2 Für Angaben zum Immobilienvermögen und zu Beteiligungen Vordruck 203 07* verwenden.

3 Wesentliches sonstiges Vermögen bitte gesondert erklären.

fragt, einmal Dinge angeben und unterschreiben, die vielleicht erst in nächster Zeit eintreffen. Vergessen Sie aber nie Ihre Grenzen, und halten Sie Ihren Rahmen ein, auch wenn es um geliehenes Geld geht: Sie müssen alles zurückzahlen und die Ratenzahlungen einhalten!

> **TIPP:**

Nur weil Sie bei einer Bank keinen Kredit bekommen oder vielleicht sogar Ihre Hausbank ihnen abrät, müssen Sie nicht von Ihrem Plan abrücken. Ein anderes Institut freut sich über Sie als Neukunde! Aber seien Sie in finanziellen Dingen immer ehrlich! Überschätzen Sie nicht Ihre Möglichkeiten!

Bei Ihrer Hausbank müssen Sie den Jetzt-Stand angeben. Aber was hindert Sie daran, bei einer anderen Bank das Modell mit Eigentum plus Mieteinnahme durchzuspielen, oder auch mit Eigentum und Selbstnutzung?

Am stärksten wird auf das regelmäßige Einkommen geachtet. Seit wann sind Sie beschäftigt, und was verdienen Sie? Das wird kreditentscheidend hoch bewertet – denn warum sollten Sie auf einmal weniger verdienen, wenn Sie schon seit Jahren eine konstante Summe erhalten? Warum können Sie nicht vielleicht für eine begrenzte Zeit einen Nebenjob annehmen? So weisen Sie einer Bank weiteres Einkommen nach, gleichzeitig zeigt es aber auch, dass Sie fähig sind, für Ihre persönlichen Ziele zu kämpfen. Wer eine eigene Wohnung möchte, der kann sich auch eine leisten!

Gehen Sie in Gedanken Ihre persönlichen Ausgaben durch, wo Sie im Monat wie viel sparen können, ohne unrealistisch zu sein. Oft bietet die konkrete Auflistung der Ausgaben auch Gelegenheit, um noch einmal über die Telefonnutzung, die einzelnen Versicherungen etc. nachzudenken. Wo ergeben sich Einsparmöglichkeiten?

5 Ausgaben p. a. (in TEUR)
(nur lfd. Jahr)

	Antragsteller	Mitantragsteller/Ehegatte/Bürge
– laufende Lebenshaltung		
– Mieten		
– Zinsen und Tilgung für		
– Hypotheken/Grundschulden		
– sonstige Bankkredite		
– sonstige Verbindlichkeiten		
– Leasingraten		
– Versicherungsprämien		
– Steuern/Abgaben		
– Bausparraten		
– Sparraten		
– sonstige Ausgaben		
(z. B. Unterhaltsleistungen)		
Summen		

6 Versicherungen

Versiche- rungsneh- mer/versi- cherte Person	Versicherer	bestehend seit	Versicherungs- summe in TEUR	Jahresbeitrag EUR	aktueller Rück- kaufwert EUR

7

	Antragsteller	Mitantragsteller/Ehegatte/Bürge
Bestehen oder bestanden in den letzten zehn Jahren Mahnverfahren oder Zahlungs- klagen, Zwangsvollstreckungen, Verfahren zur Abgabe der eidesstattlichen Versicherung, Insolvenzverfahren	☐ nein	☐ nein
	☐ ja, und zwar	☐ ja, und zwar

Außerdem beinhaltet die Selbstauskunft bei Immobilien den Verkehrswert sowie die Frage nach eingetragenen Grundschulden. Hier setzen Sie an – wie viel soll Ihre Immobilie am Ende nach der Sanierung wert sein, wie hoch wird der Gutachter Ihr Eigentum bewerten?

Jede Bank geht von realistischen Zahlen aus: Anschaffungskosten plus Sanierungskosten. Keine Bank erwartet, dass Sie alles selbst sanieren oder clever alle Kostenvoranschläge und Rechnungen grundsätzlich um 20 oder 30 Prozent reduzieren. Bei der Errechnung des Verkehrswerts werden immer alle regulären Kosten zusammengerechnet – aber denken Sie an mein Beispiel mit den 10 000 Euro eingesparter Sanierungskosten für ein Bad! Oder auch an die 3 000 Euro für das Herausreißen des 50er-Jahre-Wandschranks aus dem Kapitel »Grundriss«! Alle erdenklichen Kosten werden Sie addieren können und zusammengerechnet in die Zeile »Verkehrswert« eintragen.

Und dann tragen Sie unter »eingetragene Grundschulden« die Summe ein, die Sie meinen, tatsächlich

als Hypothek zu benötigen. Jetzt schon sollte Ihnen klar werden, was zwischen beiden Werten für eine Lücke klafft. Jetzt schon möchte ich, dass Sie erkennen, wie viel Geld Sie sich selbst mit dem Erwerb von Eigentum schaffen.

Bei meinem Beispiel »Doppelverdiener« und »Unternehmensberaterpärchen« aus der Einleitung wird der Verkehrswert wohl geringer sein als die eingetragenen Grundschulden. Aber hier deckt ein hohes monatliches Einkommen auch die Lücke, die zwischen dem schon jetzt bezahlten Zukunftspreis Ihrer Immobilie in der Lage und dem Verkehrtswert klafft (was die Bank bei entsprechendem Einkommen und zu entsprechenden Kreditzinsen durchaus mitmacht). Das ist allerdings nicht unser Modell – denn hier schaffen Sie sich keinen Wert. Hier schaffen (arbeiten) Sie erst einmal eine ganze Zeit, damit das Geld, das Sie bereits ausgegeben haben, wieder eingespielt wird.

Bei Ihnen und bei mir ist der Verkehrswert, zusammengerechnet aus allen Kostenvoranschlägen für das neue Eigentum, höher als die eingetragenen Grundschulden. Wir gehen

8 Bankverbindung

9 Zustimmung zur Bankauskunft
Der Antragsteller stimmt zu, dass die

einmalig der Bank über ihn eine Bankauskunft nach Nr. 2 AGB erteilt.

10 Auskunftsanfrage
Die Bank darf beim Grundbuchamt, Handelsregister, Güterrechtsregister oder Einwohnermeldeamt Auskünfte einholen, sich Unterlagen – insbesondere Abschriften aus öffentlichen Registern – beschaffen und dort Einsicht in die Register und Akten nehmen. Bei dem u. U. erforderlich werdenden Nachweis des berechtigten Interesses wird die Bank das Bankgeheimnis wahren.

11 Unterlagen
Die von der Bank geforderten, aber nicht beigefügten Unterlagen werden nachgereicht.

12 Vollständigkeitserklärung
Wir bestätigen die Richtigkeit und Vollständigkeit der gemachten Angaben.

13 AGB-Einbeziehungsklausel
Ergänzend gelten die **Allgemeinen Geschäftsbedingungen** der Bank (AGB). Die AGB können in den Geschäftsräumen der Bank eingesehen werden; auf Verlangen werden sie ausgehändigt.

Ort, Datum	Antragsteller	Mitantragsteller/Ehegatte/Bürge

vom fertigen Objekt aus. Die zu erwerbende Immobilie soll als Beispiel 80 Quadratmeter groß sein und einem Verkehrswert von 2 400 Euro pro Quadratmeter entsprechen. Das setzen Sie sich als Ziel. Dementsprechend legen Sie Ihre Planungen aus. Erwerben wollen Sie das Objekt für 1 400 €/qm plus 200 €/qm an Sanierungskosten. Also ergibt Ihr Verkehrswert 192 000 Euro, die eingetragenen Grundschulden aber nur 128 000 Euro.

Das spricht doch für sich! Wenn Sie also einigermaßen im Rahmen bleiben und Ihr gestecktes Budget nicht überschreiten, haben Sie mit diesem Projekt-Objekt 64 000 Euro »verdient«. Das Geld sehen Sie zwar nicht cash auf Ihrem Konto – dazu müssten Sie die Wohnung kaufen, sanieren und höchstmöglich wieder verkaufen. Aber in diesem Kapitel geht es um die Finanzierung, und dabei hilft Ihnen die Wertsteigerung gewaltig. Die Bank wertet diese Vermögenssteigerung als zusätzliche Sicherheit, als Spielraum, falls Ausfälle etwa aufgrund von Krankheit, Arbeitsplatzverlust etc. eintreten. Deswegen stuft sie Ihre Kreditsicherheit wesentlich höher ein.

Nutzen Sie diese Möglichkeit und sprechen Sie auch einmal bei einer anderen Bank vor, um ein Kreditengagement auszuloten. Dabei steht als Erstes die Frage, wie viel Geld Ihnen ein Institut geben würde, um Ihr Immobilienvorhaben zu realisieren, im Vordergrund. Wenn es um einen konkreten Kredit geht, wird Sie jedes Institut fragen, wie viel Eigenkapital Sie haben. Was also können Sie cash einbringen?

Eine Bekannte von mir hat oft gar kein Geld auf ihrem Girokonto. Ihr Dispo von 6 000 Euro ist meistens ausgereizt. Ab und zu überzieht sie diesen Betrag, und dann berechnet die Bank 16,8 Prozent Überziehungszinsen. 6 800 Euro liegen in einem Sparvertrag, und die Eltern hatten für sie einen Bausparvertrag über 60 000 Euro abgeschlossen. Hier sind bereits 22 000 Euro angespart.

Ein anderer Bekannter von mir hat ein Aktiendepot in Höhe von 15 000 Euro bei einer Direktbank und managt sein Depot online. Sein Dispo beträgt 5 000 Euro.

Beide haben ein regelmäßiges Einkommen, wovon aber im Monat nicht viel bleibt. Auf Nachfrage könnten im Monat 400 oder 500 Euro gespart werden. Bis jetzt ist es aber jeden Monat cooler gewesen, dieses Geld auszugeben, obwohl sich die Klamotten im Schrank stapeln. Man war auch schon in der Karibik, kennt Paris und Rom – Shopping in New York ist auch nichts Neues.

Als ich die Bekannten fragte, ob sie für einen »Nebenjob«, der 30 000 Euro bringen würde, auf ihren Jahresurlaub verzichten würden, sagten beide getrennt voneinander sofort ja. Sie bekamen glänzende Augen. Selbst das befreundete Unternehmensberaterpärchen würde für nochmal 30 000 Euro cash obendrauf auf Restaurantbesuche und Samstagsflanieren in Winterhude, auch auf Besuche des Must-see-Cafés in Hamburg für eine begrenzte Zeit verzichten.

Also: Kaufen Sie endlich Eigentum und schaffen Sie sich selbst Geld!

Eigenanteil

Sie sind alt genug, um Ihre Finanzen zu übersehen: Nehmen Sie das Geld, was man Ihnen anbietet. Ihre

Eltern reden immer vom Vererben, auch von Sparverträgen oder gar von einem Konto, welches geheimnisvoll zu Weihnachten erwähnt wird – Ihnen aber doch, wie bei einem unreifen Kind, vorenthalten wird. Ihre Eltern oder Großeltern meinen, die Zeit sei noch nicht reif, um alles offenzulegen, weil Sie »nur« ein neues Auto kaufen wollen oder das Geld für Sonderausstattungen wie Alcantara-Applikationen oder eine neue Uhr verschwenden würden. Nun heißt es: Geld her – verraten Sie der Familie Ihre Pläne! Vielleicht sind diese mittlerweile seriös genug, vielleicht werden sich Ihre Verwandten von ihrer einsichtsvollen Seite zeigen!

Postwurfsendungen: 10 000 Euro warten auf Sie! Natürlich sollen sie nicht unseriös auf jede Postwurfsendung eingehen, um sich am Ende eine Wohnung aus Anzeigen »zusammengesammelt« zu haben – aber Kreditinstitute und Direktbanken werben so um neue Kunden. Also – warum nicht einmal versuchen, dieses Geld zu nehmen, wenn es schon »wartet«? So entsteht Kontakt zu einer neuen Bank, und Sie können Ihre Wünsche einmal prüfen lassen. Drücken Sie ein Auge bei den hohen Zinsen zu. Jetzt geht es ums Geldeinsammeln! Und 10 000 Euro können jetzt entscheidend helfen.

Bausparverträge: Ein Bausparvertrag gibt Ihnen nach einer Mindestlaufzeit die Möglichkeit, das Doppelte der angesparten Summe als Kredit ausgezahlt zu bekommen, und das auch noch für einen guten, günstigen Zinssatz. Warum nicht einen alten Vertrag reaktivieren oder einen neuen mit einer Extrasumme besparen? Diese Summe zählt wie Eigenkapital und kann von einer Bank beliehen werden. Außerdem gibt es jährlich eine staatliche Förderung, so Sie denn eine Mindestsumme selbst einbezahlt haben.

> **TIPP:**

Niemals Ihre Hausbank oder die Bank, mit der Sie Ihr Eigentum erwerben wollen, einfach mal so um Geld fragen! Wenn Sie bei Ihrer Bank vorsprechen, jetzt Geld wollen, wo doch überall Kleinkredite angeboten und beworben werden, um Ihre persönlichen Wünsche zu erfüllen. Vorsicht, Ihre Hausbank wertet diese Kleinkredite als nicht abgesicherte Kredite. Das ist sehr gefährlich für Ihre eigene Krediteinstufung, wo Sie doch Ihre eigentliche Bank noch für den – nennen wir es: »Haupt-Hausfinanzierungskredit« brauchen.

Lebensversicherung beleihen: Wie viele Jahre besteht Ihre Lebensversicherung schon? Welche Summe hat sich angespart? Was kann man davon beleihen? – Sie sollten darüber nachdenken. Ihre neue Immobilie bietet Begünstigten im Ernstfall wesentlich mehr Absicherung als die Summe, die bisher beliehen werden kann.

Überlegen Sie, welche Möglichkeiten Sie für sich sehen, und nutzen Sie sie! Auch vorsorglich, wenn Sie gerade keinen aktuellen Bedarf haben – denn nicht immer bietet man

Ihnen Geld an. Zugreifen ist also meistens gut!

Die Kreditzinsen für Kleinkredite sind auch bei der Deutschen Postbank, American Express oder der Royal Bank of Scotland nicht so hoch, die Raten überschaubar.

Das Geldsammeln geht weiter – ohne dass Sie Ihren Hausbankberater bitten müssten, Ihnen einen Kredit zu geben:

Fremdanteil

KfW-Bank: Die Kreditanstalt für Wiederaufbau (KfW) ist eine wahre Fundgrube an Möglichkeiten für Menschen, die etwas schaffen wollen. Wir schaffen uns Eigentum. Schauen Sie einmal auf der Website der KfW nach, um zu erfahren, was Sie mit Ihrer Wohnung machen können bzw. sollten, um einen Kredit zu erhalten. Altersgerechtes Wohnen, Energieeffizienz etc.: Unzählige, sich ständig ändernde Förderprogramme, auch solche für Privatpersonen, sind hier aufgeführt, und das zu einem wirklich guten Zinssatz. Die Auflagen der einzelnen Programme

kosten zwar etwas Extrageld. Zum Reduzieren von offiziellen Kosten kommen wir allerdings später. Jetzt geht es um das Geld, was Sie zur Verfügung haben! Vielleicht zeigt Ihnen die KfW auch Möglichkeiten auf, Ihr Objekt in eine Richtung zu gestalten, die Sie bisher noch nicht eingeplant haben. Hier auf alle Förderprogramme einzugehen ist nicht möglich, da einige Programme bundesländerbezogen sind; es wird eine gewisse Summe als Fördermittel bewilligt. Wenn diese erschöpft ist und von Individualhaushalten abgerufen wurde, ist das Programm nicht mehr erhältlich. Landesbanken, Versicherungen oder die KfW, teilweise auch einzelne kommunale Förderer wie Energielieferer legen aktuell Förderprogramme auf. Es gibt ständig wechselnde und für das nächste Jahr vorausschauende Aktionen und Programme, für die Sie sich je nach Objekt und Lage hinreichend erkundigen sollten.

Das bekannte 1000-Dächer-Programm endete schon in den 1990er-Jahren – und wurde durch Photovoltaik-Programme ersetzt. Die KfW hat die umfassendsten Programme und

101

Richtlinien – z. B. für Dämmung, Kellersanierung oder falls man in Ihrem Eigentum eine solargestützte Heizung einbauen kann, dann kommen diese Programme vielleicht infrage.

Viele Energieversorger bieten städtebezogen einen Zuschuss bei Anschaffung etwa einer neuen Heizungsanlage. Sie fördern dieses Projekt pauschal mit 3 000 Euro – also mitnehmen bzw. vormerken!

Vergessen sie aber nicht, dass alle Programme und Aktionen an Aufla-

gen gebunden sind, die Sie erfüllen müssen – schaffen Sie es ohne Fördergelder, sind Sie in Ihrem Objekt-Projekt freier.

Steuerersparnisse durch Eigentum: Fragen Sie Ihren Steuerberater nach den Ersparnissen beziehungsweise Sonderabschreibungen in Ihrem konkreten Fall. Befindet sich beispielsweise Ihre Wunschimmobilie in einem geschützten Objekt, oder gibt es andere steuerlich vergünstigende Vorteile? Warum sollten Sie darauf verzichten?

> **TIPP:**

Bei vielen Förderprogrammen, Förderkrediten und Steuersparmodellen ist das Baujahr eines Hauses entscheidend. Zum Beispiel gibt es bei gewissen Förderprogrammen der KfW für solarunterstütztes Heizen eine je nach Baujahr eines Hauses unterschiedliche Förderhöhe.

Ein Objekt nur zu erwerben, um Förderung zu erhalten, davon würde ich aber absehen, denn viele Programme entziehen sich der langfristigen Planbarkeit. Viele Förderungen im öffentlichen Bereich sind jährliche Programme oder auf gewisse Fördersummen ausgelegt.

Wenn ein Fördertopf mit bereitgestelltem Geld ausgeschöpft ist, weil genügend Immobilienbesitzer diese Programme nachgefragt haben, ist das Programm für dieses Jahr beendet. Im nächsten Jahr gibt es vielleicht ein ganz anderes Programm. Auch gibt es je nach

Bundesland unterschiedliche Förderprogramme, die wiederum auf gewisse Summen begrenzt sind – darauf hier einzugehen wäre nicht sinnvoll, da sich die einzelnen Programme schnell ändern. Gute Anlaufstellen sind die Landesbanken, die Ministerien der einzelnen Bundesländer sowie die regionalen Förderbanken. Hier erhält man aktuelle Informationen.

Wenn Sie die Förderprogramme gecheckt haben und die Steuersparansätze ausgelotet wurden, sollten Sie noch einmal Ihren Selbstauskunft-Bankbogen zur Hand nehmen. Sie werden feststellen, dass Sie diesen erneut ausfüllen müssen, da die Zahlen ganz anders aussehen werden, als Sie am Anfang vielleicht selbst vermutet haben – denn Sie haben Ihre Möglichkeiten genutzt!

Wenn Sie nun noch nach allen Überlegungen, an Geld zu kommen, bedenken, dass für die allgemeinen Kosten in Ihrem neuen Objekt des Gemeinschaftseigentums monatliche Raten anfallen und diese unter »feste Kosten« eintragen, dann wird im Vergleich zu Ihrer jetzigen Miete trotzdem noch eine gute Summe für steigende Liquidität vorhanden sein. Das Ausschöpfen Ihrer Möglichkeiten sowie das Zusammentragen von Informationen über Ihre monatlichen Verpflichtungen haben Ihnen also neue Spielräume aufgezeigt!

Am Ende stehen sich die Habenseite sowie die Ausgabe für Ihr Wohneigentum gegenüber – und Sie werden sich wundern, wie viel Geld, welche monatlichen Summen Sie für einen Kredit aufbringen können! Zurzeit sind Kreditzinsen für Wohneigentum sehr günstig. Schauen wir auf aktuelle Zahlen, so rechnen wir einmal mit vier Prozent und einer Gesamttilgung nach zehn Jahren: Bei 60 000 Euro Kreditsumme, für zehn Jahre festgeschrieben, ergibt sich eine Monatsrate von 605,44 Euro.

Kreditsumme: 60 000 Euro

effektiver Jahreszins: 4 %

Nominalzins: 3,928 %

Laufzeit: 10 Jahre

120 Raten

mtl. Rate: 605,44 Euro

8,18 % anfängliche Tilgung, letzte Rate: 604,52 €

Gesamtaufwand 72 652 Euro

Zinsen und Tilgung

Jahr	Restschuld (€)	Zinsen (€)	Tilgung (€)	gezahlt (€)
1	55 002	2 268	4 998	7 265
2	49 805	2 068	5 197	14 531
3	44 400	1 860	5 405	21 796
4	38 778	1 644	5 622	29 061
5	32 932	1 419	5 846	36 326
6	26 851	1 185	6 080	43 592
7	20 528	942	6 323	50 857
8	13 952	689	6 576	58 122
9	7 112	426	6 839	65 388
10	0	152	7 112	72 652

Um die Bedeutung von unterschiedlichen Prozentpunkten zu erkennen und somit die Wichtigkeit von KfW-Darlehen oder Bauspardarlehen zu verdeutlichen, hier noch ein Rechenbeispiel mit niedrigerem Zinssatz: Bei nur 2,5 Prozent Zinsen, wie derzeit von der KfW angeboten, müssen Sie monatlich nur 564,86 Euro bezahlen!

Kreditsumme:	60 000 Euro
effektiver Jahreszins:	2,5 %
Nominalzins:	2,472 %
Laufzeit:	10 Jahre
120 Raten insgesamt	
mtl. Rate: 564,86 €	
8,83 % anfängliche Tilgung, letzte Rate: 563,56 €	
Gesamtaufwand: 67 782 €	

Es gibt auch die Möglichkeit, dass Sie nicht alles tilgen – mit 600 Euro im Monat können Sie wahlweise auch einen Kredit in Höhe von 100 000 Euro stemmen. Am Ende bleibt dann aber eine Restschuld von 60 733,39 Euro.

Kreditbetrag:	100 000 €
Zinssatz:	4,8 % effektiv
Rückzahlungsrate monatlich:	600 €
Laufzeit:	10 Jahre
Zinsen und Gebühren insgesamt:	32 733,35 €
Gesamtaufwand:	132 733,35 €

Tilgungsplan

Jahr	Schuldenstand Vorjahr (€)	Ratenzahlungen (€)	davon Zinsen/Geb. (€)	davon Tilgung (€)	Schuldenstand am Jahresende (€)
1	100 000,00	7 200,00	3 940,68	3 259,32	96 740,68
2	96 740,68	7 200,00	3 807,88	3 392,12	93 348,56
3	93 348,56	7 200,00	3 669,68	3 530,32	89 818,24
4	89 818,24	7 200,00	3 525,85	3 674,15	86 144,09
5	86 144,09	7 200,00	3 376,17	3 823,83	82 320,26
6	82 320,26	7 200,00	3 220,38	3 979,62	78 340,64
7	78 340,64	7 200,00	3 058,24	4 141,76	74 198,88
8	74 198,88	7 200,00	2 889,49	4 310,51	69 888,37
9	69 888,37	7 200,00	2 713,88	4 486,12	65 402,25
10	65 402,25	7 199,96	2 531,10	4 668,86	60 733,39
Gesamtsummen	71 999,96	32 733,35	39 266,61	60 733,39	

Hierzu gibt es unzählige Möglichkeiten! Und nun sollten Sie einmal rechnen. Rechnen Sie Ihr ganz persönliches Beispiel durch, um herauszufinden, in welcher Preislage Sie nach Eigentum schauen sollten.

Sie haben also Ihren Selbstauskunftsbogen ausgefüllt und überlegt, wo Sie monatliche Ausgaben reduzieren können. Das ist nicht nur eine Hilfe auf dem Weg zum Eigentum, es bietet auch die Gelegenheit, eingeschlichene monatliche Ausgaben wie Handyverträge, Versicherungen etc. einmal durchzuchecken, ob Sie hier nicht sparen können. Meistens hat man diese Dinge einfach laufen lassen – es gibt aber inzwischen tolle neue Angebote. Überprüfen Sie Ihre monatlichen Zahlungen! Im Regelfall sollten Sie Ihren Lebensstil nicht komplett reduzieren, sonst macht das alles mit dem Eigentum keinen Spaß. Nur weil Sie bald eigene vier Wände kaufen, wollen Sie doch nicht auf alles verzichten, oder? Und Ihr Vorhaben, demnächst reduzierter leben zu wollen, als Sie es jetzt tun – halten Sie das wirklich zehn Jahre durch? Wozu auch? Ich zeige Ihnen ja, wie Sie Geld mit Ihrem neuen Schritt verdienen!

Also nehmen Sie Ihre aktuellen Mietzahlungen als Orientierung: Wassergeld, Versicherungen und Strom werden weiterhin anfallen! Auch sollten Sie 150 bis 200 Euro an »Gemeinschaftsumlage« monatlich abziehen.

Monatliche Einsparungen: Können Sie Ihre bisherige Altersvorsorge aussetzen? Schließlich ist die Investition in eine Immobilie auch Alters-

vorsorge. Wie viel Geld können Ihre Aktien, in die Sie vielleicht monatlich investieren, indem Sie in einen Aktienfonds einzahlen, in der nächsten Zeit verdienen, wenn Ihnen der Erwerb einer Wohnung wirklich Tausende von Euro einbringt? Wenn Ihnen ein Mindestertrag zugesichert wurde: Übertrifft dieser die Differenz zwischen Beleihungswert und Realwert Ihrer neuen Immobilie?

Wie ist Ihre Lebensversicherung geregelt? Können Sie hier Zahlungen aussetzen und monatliche Zahlungen einsparen, ohne die Absicherung oder die kombinierte Arbeitsunfähigkeitsversicherung zu verlieren?

Ich habe mich im Bekanntenkreis umgehört. Durchschnittlich war von 500 Euro die Rede, die zusätzlich zur Mieteinsparung aufgebracht werden könnten. Das ist eine Menge. Im folgenden Beispiel rechne ich mit 300 Euro monatlich, die Sie zusätzlich in Ihr neues Eigentum investieren.

Je nach Mietstaffelung (200 Euro abgezogen für die Gemeinschaftsumlage) ergibt sich folgende Tabelle:

Miet-zahlung aktuell (in € mtl.)	Extra-betrag (in € mtl.)	Monat-liche Raten (€)	Kreditbetrag 4,8 % eff. bei Kompletttil-gung nach 10 Jahren (€)	Erforderlicher Eigenanteil bei 80 % Belei-hung (€)	Erforderli-cher Eigen-anteil bei 60 % Belei-hung (€)	mögl. Kauf-preis (€)
600	300	700	67 000	13 000	27 000	80 000
800	300	900	86 000	17 000	34 000	103 000
1000	300	1100	105 000	21 000	42 000	126 000
1200	300	1300	124 000	25 000	50 000	149 000

Konkret bedeutet das, dass eine Person mit festem Einkommen (eine 80-prozentige Beleihung ist üblich), 600 Euro Monatsmiete, 300 Euro möglicher Reserven für Abzahlungen sowie 13 000 Euro Rücklagen ohne Weiteres für 80 000 Euro Eigentum erwerben kann, so dass dieses in zehn Jahren abbezahlt ist – komplett!

Ebenso kann jemand mit 1 000 Euro Miete und ebenfalls 300 Euro Reserven, die zur Abzahlung genutzt werden können, dazu 25 000 Euro Rücklagen, unbedenklich 149 000 Euro für eine Wohnung ausgeben. In zehn Jahren ist alles komplett getilgt! Hierbei sind Überlegungen zur KfW, zu günstigeren Darlehen oder auch zu einem Kredit mit Restschuld noch nicht berücksichtigt! Macht das Mut?

Vorbei und widerlegt ist bereits jetzt die Überzeugung, dass Eigentum zwingend mit 30 Jahren Zinsfestschreibung, mit einem Umzugs- und Urlaubsverbot und mit reduziertem Essen verbunden ist!

Welche Lage kann ich mir leisten?

Die Lage

In regelmäßigen Abständen entdeckt man Schlagzeilen wie: »Kaufen statt mieten«, »Die besten Immobilientipps« oder: »Nie wieder Miete zahlen!« Immer wenn ich diese Artikel lese, stelle ich erschrocken fest, dass ich niemals eine Wohnung besessen hätte, wenn ich jemals die dort gegebenen Tipps und Vorgaben beachtet hätte.

Dem Leser wird grundsätzlich eingepeitscht, dass die Lage zählt, nichts als die Lage. Hier wird aber konsequent von Immobilien als Renditeobjekt ausgegangen. Es ist somit oft eine Zielgruppe angesprochen, die Immobilien mit Abschreibungen nutzt, um Einkommensteuer zu sparen. Nachvollziehbar ist dann die Lage sehr wichtig, da nur in Toplagen aufgrund des Marktes weitere Wertsteigerungen im Hochpreissektor möglich sind. Diese Klientel spreche ich mit meinem Buch aber nicht an. Es geht nicht um Steuersparmodelle, sondern um Wertsteigerungen, die aufgrund von persönlichem Einsatz erreicht werden.

Sorry, aber egal ob Leipzig, München oder Hamburg – mein Budget ermöglichte niemals, mal ganz locker eine Topimmobilie in der Innenstadt oder einer bevorzugten Wohnlage zu kaufen. Nett, am Central Park, der Upper West Side in New York zu wohnen. Schön, wenn ich an der Alster ein Haus besitze oder den Englischen Garten als »meinen Vorgarten« bezeichnen kann, in dem sich tagtäglich Besucher in meinem Blickfeld tummeln.

»I am so sorry«, würde der Amerikaner sagen – aber wer ist schon in dieser privilegierten Lage?

Außerdem darf ich alle beruhigen. Nicht wenige dieser Top-Wohnobjekte sind zwar optisch sehr schick. Man schaut neidvoll auf die Fassaden mit Glasflächen – aber was steckt dahinter? Viele Mitglieder dieser Besitzerfamilien haben finanziell auch mal bessere Zeiten gesehen: Man mag über Laminatböden lästern, und vielleicht ist bedrucktes, mit Lack überzogenes Papier tatsächlich nicht gerade ein Trendsetter. Aber meinen die Bewohner der Toplagen, dass sich ablösende Stofftapeten an den Wänden, vergilbte Türen sowie zartgelb-zartrosa getönte, 10 x 10 cm große Fliesen im Bad mit längst schon schwärzlichen Fugen sowie eingemauerter Seifen- und Toilettenrollenablage noch angesagt sind?

Von einem Banker habe ich erfahren, dass diese Villen häufig einen sehr hohen Grundschuldbetrag von Banken im Grundbuch eingetragen haben. Sie, verehrter Leser, lassen sich bitte nicht von Toppreisen blenden – lassen Sie die »Kaufenstatt-mieten«-Tipps, genauso hören Sie bitte nicht auf jeden Banker, der Ihnen von allem abrät.

Lust auf Leben? Face Reality im 21. Jahrhundert? Also los. Die neuen Credos lauten:

Die Lage einer Immobilie ist egal – oder haben Sie schon einmal eine Wohnung angeboten bekommen, die nichts kostet? Jede Immobilie kann man kaufen und sanieren, den ureigenen Bedürfnissen anpassen und Miete sparen. Sogar ein gutes Plus erwirtschaften und in zehn Jahren abbezahlt haben. Das habe ich vorgerechnet.

Seien Sie selbstbewusst. Natürlich ist eine Lage in trendiger Gegend schön. Ein Fahrstuhl kommt gut an. Eine U-Bahn um die Ecke anstatt unterm Haus, wo mir jeder Zug durch Mark und Knochen geht, ist auch geschickter. Aber deswegen von einer Immobilie abraten, die weiter entfernt ist, die vielleicht im fünften Stock liegt und die man (I am so sorry) nur zu Fuß erreichen kann? Nein. Wer hätte schon gedacht, dass die Plattenbauwohnungen am Alexanderplatz einmal die Quadratmeter-

preise einer Toplage in München oder Hamburg erzielen würden?

Berechnen Sie Ihr Budget und suchen Sie genau das, was mit Ihrem Geldbeutel geht. Ich glaube, die Möglichkeit, sich selbst Geld durch Immobilien zu schaffen, ist klargeworden. Wollen Sie lieber auf Geld verzichten, weil Sie nicht in ausgewiesener Toplage kaufen können oder weil Ihre Freunde und Bekannten sagen: »Was? Dort willst Du eine Wohnung kaufen? Das ist doch völlig verrückt!«

Für alle meine Objekte habe ich anfangs nur Spott, manchmal auch Verachtung geerntet. Lassen Sie die anderen reden, lästern, androhen, Ihnen niemals zu helfen. Eine Aushilfe über eine Zeitarbeitsfirma zu suchen ist sowieso günstiger und weniger verpflichtend als ein so genannter »Freund«, den Sie jedes Mal zum Essen einladen müssen – nur weil mal geholfen wurde und Sie sich deswegen noch den Arbeitszeiten der Freunde angepasst haben.

Lust auf Leben, Lust auf Entdeckung – Lust auf Geld!

Rechnen wir einmal auf ganz niedrigem Niveau: Ein spontaner Blick in gängige Immobiliensuchmaschinen zeigt, dass eine Wohnung mit 60 Quadratmetern für 30000 bis 40000 Euro zu haben ist, je nach Stadt in Deutschland! Bei Erwerbsschwachen oder Selbstständigen beleiht die Bank die Immobilie mit 60 Prozent – Sie müssen also 40 Prozent Eigenkapital haben.

40 Prozent entsprechen 12000 bzw. 16000 Euro an Eigenkapital für eine Wohnung zum Beispiel in München! Damit erwerben Sie weniger als eine Standardausstattung. Vielleicht wäre eine bereits entkernte Wohnung besser als der Teppichboden und das Badezimmer, welches Sie bei der Besichtigung sehen werden.

Aber Sie kaufen ein Objekt für 500 €/qm – was kann da schiefgehen? Sie investieren in ein neues Bad, eine neue Küche – individualisieren den Grundriss und die Ausstattung und Sie fühlen sich wohl! Klar laufen Sie vielleicht etwas länger bis zur nächsten U-Bahn als jetzt. Ich hoffe, Sie haben ein Objekt gewählt, wo sich nicht die Hochbahn vor dem

Fenster zeigt. Und wenn, dann betrachten Sie es als kultig. Ihr Objekt, Ihre Pläne, sich eine tolle, individuelle Immobilie zu schaffen – das ist nun Kult! Das Prinzip ist aber immer dasselbe – die Banken beleihen auch Immobilien in Randlagen. Die KfW fördert auch Energiesparmaßnahmen in Randlagen. Die Sonne scheint auch auf eine Solarzelle, die sich fernab der Alster in Hamburg, der Königsallee in Düsseldorf, weitab vom Ku'damm oder vom Prenzlauer Berg Berlins befindet.

Denken Sie darüber bitte einmal nach! Wenn Sie ein Objekt für 500 €/qm kaufen: Wie viel schneller können Sie dieses abzahlen, wie viel ruhiger können Sie schlafen, weil Ihr Bankbudget nicht alle Urlaube der nächsten Jahre aufgebraucht hat? Und vor allem: Wie viel Steigerung ist durch einen Gutachter möglich, der am Ende Ihre Wohnung bewertet? Selbst wenn ein Gutachter diese abgelegene Wohnung nur mit 900 €/qm ausmacht – Sie haben eine Steigerung um 24000 Euro erreicht! Ich glaube, das ist bei einem Einsatz von 12 000 bzw. 16000 Euro Eigenkapital genug!

Immerhin ist das eine bis zu 200-prozentige Steigerung Ihres Eigenkapitals. So können Sie auch ohne Diskussionen den Zinssatz Ihres benötigten Kredits von 18 000 Euro drücken, da Sie mit der neuen Bewertung Ihres Objektes von 60 Prozent Beleihungswert auf knapp 34 Prozent gerutscht sind! Das bringt enorme Zinsvorteile sowie eine wesentlich bessere Position gegenüber einer Bank, die Sie nun auf einmal als solventen Wohnungsbesitzer einstuft. Denn bei dem Modell lässt Ihr Grundbuch weitere 65 Prozent Beleihung zu, bis der Verkehrswert erreicht ist. Sie werden von nun an beruhigt schlafen, egal

welche finanziellen Sorgen Sie vorher geplagt haben!

Dadurch schaffen Sie sich Spielraum – immerhin können Sie das Objekt jederzeit wieder verkaufen. Der Gutachter bestätigt Ihnen 900 €/qm. In jedem Gutachten sind Abschläge enthalten – die Wohnung wird also am Markt garantiert 60 000 Euro einbringen! Damit können Sie sofort Ihren Kredit von 18 000 Euro ablösen und es bleiben, Ihr Eigenkapital von anfangs 12 000 Euro abgezogen, stolze 30 000 Euro an Gewinn übrig! Sie könnten das Objekt aber auch vermieten – so haben Sie monatlich ein Extrageld.

> **TIPP:**

Die Lage beschert Ihnen schlaflose Nächte? Bevor Sie an Ihr Limit gehen, investieren Sie lieber in einer Randlage – auch hier machen Sie Gewinn!

Das obige Beispiel lässt Sie ruhiger schlafen – selbst wenn etwas schiefgehen sollte, weil Sie sich doch nicht selbst so einbringen können bei der Sanierung, demzufolge den »Gewinn«, den Sie bei Handwer-

kern einsparen wollten, nun doch für professionelle Handwerker ausgeben müssen – Sie können wenig falsch machen! Kaufen Sie aber eine Wohnung in Toplage, die bei den Quadratmeterpreisen am äußersten oberen Rand der Bewertungsskala liegt, dann darf einfach nichts schiefgehen, sonst zahlen Sie drauf!

Das Geheimnis allen Geldes

Ich schreibe von Gewinnen, die Sie für sich selbst verwirklichen. Ich rechnete Ihnen vor, wie Sie aus 12 000 Euro Eigenkapital im Modell 30 000 Euro Gewinn machen. Wie Sie mit 1 200 Euro Mietzahlungen im Monat ohne Stress eine Immobilie im Wert von 150 000 Euro kaufen können und sollten! Ich behaupte, dass Sie Bankzinsen reduzieren, indem Sie auf Ihrer Immobilie die Beleihungsgrenze herabsetzen. Das alles nur mit Hilfe eines Immobilienbewerters, der trocken und sachlich nach Bankvorschriften und Gesetzen den Wert einer Immobilie berechnet, den diese nach allen möglichen Abschlägen am Markt erbringt! Was steckt dahinter?

Jede Immobilie hat einen am Markt erzielbaren Wert. Zur Bewertung hinzugezogen werden Baujahr, allgemeiner Objektzustand, Zustand und Ausstattung der Wohnung, erwirtschaftete Verkaufserträge in vergleichbarer Lage etc. Der Bewertungskatalog ist endlos lang, und das Studium der Immobilienbewertung langwierig. Spezielle Computerprogramme, die alle möglichen Faktoren berücksichtigen, werden zu Rate gezogen. Aber am Ende steht eine Zahl, die gültig eine spezielle Immobilie bewertet. Dieser Wert ist natürlich real und nicht verhandelbar.

Aber warum unterscheidet sich in einer einzigen Straße der Quadratmeterpreis einer Wohnung so extrem? Warum kostet eine Wohnung 1 000 €/qm und eine andere 4 000 €/qm? Das liegt nicht daran, dass der eine an seiner Wohnung nichts verdient und der andere sich 3 000 €/qm einsteckt. Es liegt einfach daran, dass in der teuren Wohnung Sanierungsmaßnahmen stattgefunden haben, die nun auf den Quadratmeterpreis umgelegt werden. Aus diesem Grund verlangt die Bank bei Neuschaffung von Wohnraum und bei Sanierungsmaßnahmen Kostenvoranschläge. Mit zunehmendem Baufortschritt werden dann die benötigten Summen ausgezahlt bzw. von Ihrem Kreditkonto freigegeben. Sie kaufen also eine

Wohnung, und die Bank gibt den Kaufpreis frei. Anschließend sanieren Sie. In einzelnen Schritten legen Sie Rechnungen vor bzw. wird ein Bankmitarbeiter Fotos im Objekt machen, um einen Bau- oder Sanierungsfortschritt zu dokumentieren. Dann wird weiteres Geld freigegeben. So sichern sich die Banken ab. Sie zahlen nicht eine veranschlagte Summe aus, ohne sicherzustellen, dass die grundbuchbeliehene Immobilie auch die dementsprechenden Sanierungsmaßnahmen erhält. Sie könnten schließlich von dem Geld auch in den Urlaub fahren!

Jeder angesetzte Immobilienpreis entspricht also festen Kriterien. Klar kann der tatsächlich erzielte Verkaufspreis von einem Bewertungspreis abweichen. Natürlich gibt es Wohnungen, die für wesentlich mehr Geld verkauft werden können. Wenn der potenzielle Käufer unbedingt eine Wohnung möchte, wird er trotz irrationaler Gründe einen höheren als den Bewertungspreis zahlen. Aber grundsätzlich kann man vom Bewertungspreis ausgehen. Der steht fest.

Ich schlage Ihnen vor, dass Sie sich je nach Typ überlegen, wie viel Sie selbst einbringen können, um die Differenz zwischen reinem Kaufpreis und Bewertungspreis möglichst häufig auf Ihr eigenes Konto zu buchen! Sie sollen nicht zum Allround-Handwerker mutieren, der fortan Rigips-Platten in die Wohnung schleppt, Rohre verlegt, Elektrokabel einzieht und mit Sicherungen versieht sowie Geschirrspüler schleppend und Parkettbündel tragend aus dem Baumarkt nach Hause läuft, um auch noch die Transportkosten zu sparen. Das geht wohl zu weit. Aber vielleicht entdecken Sie die eine oder andere Möglichkeit, um kalkulierte Beträge zu reduzieren – dementsprechend bleibt das Geld dann auch bei Ihnen.

Die Wohnung hat am Ende ihren Verkehrswert. Irgendjemand wird die Summe auf irgendeinem Konto verbuchen – der Makler, der Notar oder die einzelnen Handwerker. Sie müssen sich also nun fragen: Gebe ich das Geld aus – oder behalte ich es selbst?

NOTIZEN

Kapitel 5

DIE SANIERUNG

Sie haben sich für ein Objekt entschieden? Viele Leute haben auf Sie eingeredet, Ihrer Meinung nach haben Sie genügend hin und her überlegt und sind sich sicher, dass Sie dieses Objekt kaufen wollen? Als nächstes folgt der Notartermin. Beim ersten Kauf ist es aufregend, dort zu sitzen. Der gesamte Vertrag wird vorgelesen. Immer wieder schaut der Notar Sie an und fragt, ob Sie alles verstanden haben. Sie kaufen die Wohnung, wie sie steht und liegt – wenn nicht gerade vorsätzliche Mängel vorliegen. Dann geben Sie so viel Geld aus, wie Sie vielleicht noch nie zuvor für irgendetwas ausgegeben haben. Außerdem werden Sie ermahnt, regelmäßig Ihre Gemeinschaftsumlage zu zahlen, und man weist Sie darauf hin, dass bei Verzug Ihre Wohnung sofort pfändbar ist.

Dieses Kapitel ist für diejenigen, die selbst etwas tun möchten. Wenn Sie jemals Einblick in Budgetplanungen von Bauträgern, Architekten oder Handwerkern bekommen, sehen Sie auf den ersten Blick den Posten Material. Und dann folgt der Posten Arbeitszeit.

Bei der Autoreparatur ist es oft genauso – es wird ein Teil für 7,57 Euro ausgetauscht, vielleicht noch etwas Schmiermittel für 0,97 Euro auf die Rechnung gesetzt – und an Arbeitszeit werden 239,49 Euro fällig. Das Beispiel ist vielleicht überzogen, aber am Ende bezahlen Sie 248,03 Euro. Netto natürlich – die Steuer kommt anschließend obendrauf. Haben Sie sich auch schon öfter gefragt: Warum ist der Arbeitslohn so teuer? Und: Könnte ich nicht selbst das Ersatzteil für 7,57 Euro einbauen? Dieses Kapitel ist genau das Richtige für Sie.

Ich gehe sogar noch weiter und weise Sie darauf hin, dass die Autowerkstatt an dem eingebauten Teil für 7,57 Euro ebenfalls schon 100 Prozent verdient hat – im Einkauf kostet das Produkt nämlich vielleicht nur 3,84 Euro! Jetzt sind Sie sprachlos und ärgern sich, dass Sie nicht in der Lage sind, ein Ersatzteil an Ihrem Auto für 3,84 Euro selbst anzubringen? Nein, das müssen Sie nicht – im Restaurant ärgert Sie ja auch nicht, dass Sie für ein Essen mehr bezahlen, als wenn Sie auf dem Markt eine halbe Zwiebel, eine dreiviertel Karotte, zweieinhalb

Kartoffeln und 438 Gramm Fleisch selbst einkaufen, und die wenigsten laufen noch zum Bauern, um ein Ei möglichst günstig zu bekommen. Aber eine Wohnung zu sanieren ist kein Essen im Restaurant, und es ist auch nicht mit einer Autoreparatur vergleichbar, bei der Sie 200 Euro bezahlen, weil Sie sich eben mit der Technik von Automobilen nicht auskennen.

Beim Eigenheim sind die Dimensionen der Preise größer – und daher lohnt sich das Hinschauen und Nachrechnen im Bereich Eigentum sehr. Sie werden feststellen, dass Sie ruhig essen gehen und Ihr Auto weiterhin reparieren lassen können – allein das, was Sie durch Nachfragen, Nachrechnen und Überlegen beim Sanieren von Eigenheim einsparen können, wird Ihnen den Restaurant- und Werkstattbesuch und weitaus mehr ermöglichen. Hinzu kommt, dass Sie hier sogar Geld verdienen, ja, Sie erfahren schwarz auf weiß, wie viel Sie selbst erwirtschaftet haben.

Und ganz ehrlich – die Arbeiten sind alle zumutbar: Sie sind vielleicht

kein Automechaniker – aber Dinge zu Hause selber machen, selber organisieren oder wenigstens dabei mit anpacken – das können auch Sie!

Ich gehe nachfolgend die einzelnen Posten durch, bei denen sich hohe Einsparpotenziale ergeben – in diversen Varianten werden Sie verstehen, welchen Ansatz ich verfolge.

Anschließend gehe ich auf das Thema Handwerker und Kostenvoranschläge ein. Hier gibt es geteilte Meinungen, sicherlich erfordert meine Haltung ein starkes Selbstvertrauen – aber ohne dieses werden Sie draufzahlen. Eine Freundin hat sich gerade einen Kamin einbauen lassen. Anfangs hat sie einen Kaminbauer um eine Vorortbesichtigung und einen Kostenvoranschlag gebeten. Sie bekam ein Pauschalangebot über 7 400 Euro bei Handwerker A. Ich gab ihr den Tipp, sich bei einem anderen Kaminbauer die Posten aufschlüsseln zu lassen. So konnte sie genau sehen, was wofür berechnet werden sollte.

Und so sah die Aufstellung von Handwerker B aus:

Kamineinsatz 15 kW:	2 200 €
Transport zur Baustelle, Einrichtung der Baustelle:	490 €
Mauerung der Steine, Schamottieren:	2 800 €
Verputzen des Kaminsims:	700 €
Heizgitter:	240 €
Summe:	6 430 €

Sie fand das Angebot toll, ergaben sich doch 1 000 Euro weniger als bei Handwerker A. Wir sind dann gemeinsam das Angebot nochmals durchgegangen.

Als Erstes haben wir den zuständigen Schornsteinfeger gefragt, was für ein Kamineinsatz überhaupt sinnvoll wäre. Er gab die Auskunft, dass ein 7- oder 8-kW-Einsatz ausreichend sei, da der Kamin als Zusatzheizung verwendet werden solle – außerdem hätte meine Freundin ja nicht vor, ganze Baumstämme in

ihr Apartment zu schleppen, um, wie vom Handwerker im Kostenvoranschlag aufgeführt, 15 kW voll auszureizen und die Wohnung damit aufzuheizen.

Ein Blick ins Internet ergab, dass es auch bei Heizeinsätzen große Nachlässe gibt. Ganz ehrlich – selbst für Designfreaks ist der Griff der Fülltür zu vernachlässigen – und das ist der einzige Unterschied zwischen dem Kamineinsatzdesign aus der aktuellen Kollektion und der Vorjahreskollektion!

Ich habe folgende Rechnung aufgestellt:

Kamineinsatz 8 kW, inkl. Einbau, Lüftungsgitter:	2 760 €

120

Die Anfrage bei einem Kaminbauer aus dem Umland ergab, dass er den Kamineinsatz für 1 600 Euro ummauern und verputzen würde. Transport und Baustelleneinrichtung entfielen – wir haben die Angebote auf 3 400 Euro heruntergebrochen! Weitere Gespräche mit dem Handwerker ergaben, dass er durch interne Abnahmeregelungen »seines« Herstellers sogar einen Kamineinsatz für 1 200 Euro anbieten konnte, und weil meine Freundin zeitlich flexibel war, hat der Handwerker den Kamin in einer Woche aufgemauert, in der er den Auftrag mit einem anderen in derselben Gegend kombinieren konnte – dadurch entfielen ihm Fahrtkosten, und er hat seine Arbeiten für 1 400 Euro angeboten – so hat meine Freundin also für den Kamin 2 600 Euro zuzüglich 160 Euro für die Lüftungsgitter, also insgesamt 2 760 Euro bezahlt. Die einzige Bitte des Handwerkers war, dass man ihm beim Transport der Steine und des Materials behilflich sein würde. Das haben wir gerne übernommen.

Sie sehen – ein ursprüngliches Pauschalangebot von 7 400 Euro bei Handwerker A wurde am Ende für 2 760 Euro realisiert!

Der Kaufvertrag / Die Teilungserklärung

Bei allem, was neu für Sie ist, egal ob Sie dem Makler begegnen, dem Notar, Ihrem Bankier oder auch Handwerkern: Bleiben Sie locker! Nur so bringen Sie eine Unbeschwertheit in alle Situationen. Manchmal meint Ihr Gegenüber auch, es sei Ihnen vielleicht nicht so wichtig. Ganz ehrlich, so ein Eindruck ist besser, als wenn Sie zu verbissen wirken. Und vergessen Sie nicht meinen Rat ganz vom Anfang: Wenn etwas nicht klappt, wenn ein Deal platzt, weil ein anderer schneller war, mehr bezahlt oder wer weiß warum – es wird sich etwas anderes für Sie persönlich ergeben. Ganz sicher. Trauern Sie ein wenig der Chance oder dem Objekt hinterher und versuchen Sie die Dinge, die Sie bereits organisiert hatten, sich für später zu merken. Buchen Sie es als Erfahrungen ab. Beim nächsten Projekt wird es Ihnen helfen, noch besser zu sein, etwas schneller oder zielgerichteter oder was auch immer – vielleicht entschlossener?

Zum Kaufvertrag

Wenn Sie alle Vorüberlegungen gut durchdacht haben, geht es nun ums Geldsparen. Fangen wir also gleich an.

Kaufpreishinterlegung: Überlegen Sie, wann es Ihnen passt, den Kaufpreis zu bezahlen. Das Kaufdatum hat nichts mit der Kaufpreishinterlegung zu tun! Wenn das Geld bis jetzt in Aktien angelegt ist oder in einem lukrativen Sparvertrag gebunden ist oder auch der Bausparvertrag noch etwas braucht bis zur Zuteilung: Überlegen Sie, ob Sie abwarten wollen und können, wie sich die Börse vielleicht entwickelt, oder versuchen Sie, auf die Zuteilungstermine von gebundenem Kapital zu warten. Warum sollen Sie im November Aktien verkaufen und Ihre Wohnung bezahlen, wenn Sie Gewinne oder Dividenden für einen Fonds erwarten? Wenn Sie Aktien später verkaufen, weil Sie auf Gewinne spekulieren, müssen Sie allerdings auch in der Lage sein, etwaige Verluste finanziell zu verkraften. Warum sollen Sie Vorfälligkeitszinsen bezahlen oder Gebühren bei der Bank akzeptieren, um eine Vorfi-

nanzierung zu realisieren? Der Kaufpreis kann auch noch im Januar bezahlt werden – und Sie integrieren Ihre persönlichen Finanzierungsverträge mit ihrem Zahlungstermin. Oder müssen Sie einen Sparvertrag auflösen und erwarten Geld? Um es sofort zu bekommen, müssen Sie aber Bearbeitungsgebühren oder sonst irgendwelche Extrazinsen zahlen? Dann geben Sie einen Teilbetrag gleich und den Rest, sobald es möglich ist!

Ein Wohnungsverkauf ist aus Verkäufersicht ein langwieriges Prozedere. Der Verkäufer erhält viel Geld – da ist es egal, ob das Geld diesen oder nächsten Monat kommt. Niemand wird Ihnen eine Wohnung nicht geben, wenn Sie den Kaufpreishinterlegungstermin nicht einhalten und diesen noch während des Kaufvertragsunterzeichnungstermins ändern. Selbst eine verspätete Zahlung ist im Kaufvertrag geregelt, sie ist mit einem Zinssatz als Strafzahlung verbunden, der oft niedriger ist als ein Zinssatz, den Sie anderswo als Kredit bezahlen bzw. ein Gewinn von Aktien, den Sie kurzfristig nicht verwirklichen!

Achten Sie auf Ihre Möglichkeiten – wann wollen Sie in die Wohnung, bzw. wann müssen Sie in die Wohnung, weil Sie Ihre alte vielleicht gekündigt haben oder weil Sie renovieren wollen und Urlaub haben? Dementsprechend zahlen Sie den Kaufpreis!

Ebenso achten Sie bei einem Kreditvertrag mit Ihrer Bank darauf, dass Sie erst Zinsen bezahlen, wenn Sie die Kreditsumme abrufen!

Endlich meins – Sie haben die Schlüssel

Sie haben die Schlüssel erhalten für Ihr Eigentum – eine Wohnung oder sogar ein Haus? Herzlichen Glückwunsch! Sie betreten die Wohnung und werden hier und dort Dinge feststellen, die Sie vorher bei allen Besichtigungen noch nie beachtet hatten; das alles gehört jetzt jedoch Ihnen. Eigentum, Ihr Eigentum – Sie können nun innerhalb dieser vier Wände machen, was Sie wollen.

Haben Sie nur bei allem, was Sie machen – beauftragen oder bestellen – Ihr Geld im Blick. Vergessen Sie

bei keiner Entscheidung, bei keiner Überlegung das Geld. Sie werden ein Budget eingeplant haben; egal wie hoch dieses ist – halten Sie es ein! Ich zeige Ihnen darüber hinaus noch weitere Ideen, dieses Budget zu unterbieten.

Eigentum bedeutet für Sie, dass Sie nun Geld verdienen.

Der Architekt

Brauchen Sie wirklich einen Architekten? Listen Sie genau auf, wofür. Falls Sie für Änderungen einen Bauantrag stellen müssen, gehen Sie selbst zum Bauamt und legen Sie alles vor, was Sie haben. Meistens gibt es bereits Pläne vom Objekt, und es fehlen nur Ergänzungen oder Zeichnungen. Auch sind im Bauamt selbst Zeichnungen sowie alle Unterlagen über das Objekt, an dem Sie nun einen Anteil erworben haben, vorhanden!

Fragen Sie aber einen Architekten nach seiner Leistung, wird er Ihnen eine Summe nennen, die er nach Aufwand oder nach HOAI, der Gebührenordnung für Architekten, berechnet. Hier fällt bei Umbauten meistens der Mindestsatz an; zzgl. 20 Prozent Aufschlag für Umbauten. Damit sind mehr als zehn Prozent der gesamten Bausumme nur für einen Architekten verbraucht!

Ich habe bei keinem meiner Umbauten mehr als 500 Euro für einen Architekten ausgegeben. Dafür kann ich natürlich nicht erwarten, dass der Architekt, egal ob befreundet oder nicht, für mich zigmal zum Bauamt geht und 20 Mal auf der Baustelle auftaucht, um Handwerker zu überwachen – aber hallo, hier geht es um einen großen Betrag! Den können Sie sparen und selbst zum Bauamt gehen. Umso informierter sind Sie über das Haus, in dem Sie nun Eigentum besitzen, umso informierter sind Sie über Rechte und Pflichten. Die meisten Wohnungseigentümer interessieren sich nicht für diese rechtlichen Dinge und waren niemals beim Bauamt, der Stelle, wo sie alle Informationen über ihr eigenes Objekt bekommen!

Der Architekt vermittelt Ihnen Handwerker – brauchen Sie das?

Schauen Sie sich selbst nach Handwerkern um! Auch würde ich auf Handwerker der Hausverwaltung nicht zurückgreifen. Ihr Credo ist Geld verdienen und somit Selbstinitiative. Also können Sie keine alteingesessenen Handwerker des Hauses nehmen. Sie wollen schließlich keine alteingesessenen Preise bezahlen! Handwerkermarkt. de, geizkragen.de, undertool.de, myhammer.at – es gibt unzählige Internetseiten, über die Sie selbst Handwerker finden und auf denen Sie gleichzeitig eine Idee bekommen, was die Leistungen, die ein Handwerker übernehmen soll, kosten dürfen.

Der Architekt überwacht den Sanierungsfortschritt – brauchen Sie das?

Sie planen keinen Neubau. Wenn Sie sich ein bisschen für die Arbeiten interessieren, dann wissen Sie, ob Sie mit der Ausführung der Arbeiten in Ihrer Wohnung zufrieden sind oder nicht. Benötigen Sie einen Architekten, der feststellt, ob eine Wand gut und sauber verputzt wurde? Wenn Sie Ihre neu verputzte Wand als sauber und schön empfinden – wozu dann einen Architekten als Überwacher? Wenn Sie wissen, wo genau ein neues Waschbecken angebracht werden soll – warum soll das ein Architekt begutachten?

Genauso verhält es sich mit den Themen Fliesen, Türeinbauten und vielem mehr. Sie werden selbst erkennen, ob gerade erst neu gefliest wurde. Falls Sie es nicht sogar selber machen. Sie werden merken, ob eine Tür, die ein Handwerker montiert hat, im Lot eingesetzt wurde oder nicht. Bleibt bei einer Schiebetür ein offener Spalt? Fällt die Tür mit Zarge immer von selbst zu? Warum also dann die Leistung des Handwerkers akzeptieren? Aber dafür auch noch einen Architekten bezahlen? Nein, das können Sie sich sparen!

Überlegen Sie also sachlich, was ein Architekt zuliefern soll, was Sie nicht selbst können. Geht es um eine CAD-Zeichnung, um einen konkreten Grundriss? Das kann auch ein

Architekturstudent, mit dem Sie einen festen Obolus vereinbaren. Der freut sich, praktisch arbeiten zu können. Hier einen Architekten zu bemühen, den Sie vielleicht über ein Wohnmagazin und eine dort lancierte Geschichte gefunden haben: Das wäre für simple Umbauten oder Sanierungen übertrieben!

Ein anderer Tipp für die Handwerkersuche ist die Onlineausgabe der altbewährten »Gelben Seiten« – geben Sie Ihre Postleitzahl und den Handwerkerberuf ein, den Sie wünschen, und umgehend wird Ihnen eine Liste aller Handwerker angezeigt.

Der Fußboden

Sie betreten Ihre Wohnung und wussten eigentlich vom ersten Besichtigungstermin an: Der Fußboden geht gar nicht. Ich persönlich mochte nie Laminat – aber wissen Sie, warum ich es lange Zeit nicht mochte? Weil es, wenn man darübergeht, »klick« – »klack« – »klack« macht. Das muss nicht sein, wenn es denn Ihre Wohnung ist. Dieses Klicken kommt vom Untergrund des Bodens.

In wirklich billig sanierten Mietwohnungen wurden auf die alten Dielen einfach Spanplatten geschraubt – hierauf dann ganz dünnes Trittschall-PVC verlegt und dann abschließend die Laminatdielen! Das können Sie auch – aber wollen Sie dafür auch noch teure Handwerkerstunden bezahlen?

Variante 1

Mein Tipp: Sparen Sie sich die Handwerkerstunden und versuchen Sie es selbst. So bleibt ein Budget über, so dass Sie sich eine etwas bessere Trittschalldämmung leisten können und dieses »Klick« beim Gehen entfällt. Sie lassen sich ja auch keinen Fünfsternekoch kommen, um sich eine Dosensuppe aufzuwärmen: Warum also einen Handwerker bezahlen? Laminat ist bedrucktes Papier auf einem Trägermaterial, das anschließend lackiert wurde.

Variante 2

Sie trauen sich nicht zu, Laminat selbst zu verlegen? Dabei können Sie keinen Fehler machen. Unzählige Internetvideos sind verfügbar und erklären genau, wie es geht. Mit dem eingesparten Geld könnten Sie auch anstatt Laminat viel-

leicht Parkett auswählen. Hier gibt es verschiedene Qualitätsunterschiede: Vollholz oder Mehrschichtparkett. Entscheiden Sie sich für Mehrschichtparkett, dann achten Sie auf die letztlich entscheidende Sichtholzdicke, von der abhängt, wie oft man das Holz abschleifen kann.

Variante 3

Sie mögen Altbauten und Ursprünglichkeit? Versuchen Sie, die alten Bodendielen aufzuarbeiten. Dazu müssen Sie erst einmal alle anderen Bodenbeläge herausreißen, um den Zustand der darunterliegenden alten Dielen zu sehen. Wollen Sie hierfür wieder teure Stundenlöhne bezahlen? Schaffen Sie das nicht selbst, ein paar Laminat- oder Parkettdielen oder auch einen alten Teppich herauszureißen?

Ein Tischler, der meistens für einen neuen Boden engagiert wird, freut sich, für so eine Abrissaktion beschäftigt zu werden. Man benötigt aber nicht die Fähigkeiten eines Tischlers, um alte Dielen zu entfernen – da gibt's wenig falsch zu machen. Also versuchen Sie es selbst! Mehr Geld können Sie gar nicht sparen. Oft ist es eine langwierige Arbeit. Oft wurde zigfach genagelt und vielleicht sogar geschraubt. Schrauben lösen, Nägel ziehen – das können Sie selbst!

Nachdem Sie alles herausgerissen haben, entscheiden Sie, ob Sie diesen Boden abgeschliffen und bearbeitet haben möchten! Bei allen meinen Dachausbauten habe ich jeweils die alten Dielenbretter (die noch nicht einmal Nut und Feder aufwiesen) geschliffen, herausgehoben, gesäubert und wieder verlegen lassen. Alle Handwerker haben mir davon abgeraten, ja sich sogar geweigert, diese teilweise 100 Jahre alten Bodenbretter zu verarbeiten. Gut, dass ich mich für den Erhalt der alten Bretter entschieden habe! Gehen Sie einmal in einen Holzmarkt. Dort werden Sie auf alt getrimmte Bodendielen (Vollholz) finden – diese kosten in einem schönen Farbton um die 60 bis 100 Euro pro Quadratmeter. Bei nur 80 Quadratmeter Wohnfläche sparen Sie auf diese Weise etwa 5 000 bis 10 000 Euro allein an Material! Somit war es für mich keine Frage: Die alten Bretter wurden verwendet. Das Handwerkerhonorar zum Verlegen der alten Dielen war dasselbe, wie wenn ich neue Dielen verlegt hätte. Das Nachbearbeiten habe ich selbst übernommen.

> **TIPP:**

Sollten Sie die Nachbearbeitung einer Diele selbst übernehmen, ist Ölen und Wachsen einfacher als Lackieren. Das unbehandelte Holz saugt das Öl sehr schnell auf. Sollten Sie einmal zu viel auftragen, bildet sich ein kleiner Film, den Sie leicht mit dem Pinsel verwischen können – bei Wachs ebenso. Lackieren ist für den Laien schon schwieriger – meistens gelingt es einem Profi wesentlich besser, Dinge zu lackieren, als einem Laien. Lack ist dickflüssiger und die »Nasen« und Pinselansätze sind sehr unschön anzusehen!

In viele neue Dielen sind – je nach Fabrikat oft per Hand – Gebrauchsspuren eingearbeitet: mit der Drahtbürste eingekratzte, mit Nägeln eingehämmerte »Macken«, um eine Diele alt erscheinen zu lassen. Das lassen sich die Hersteller teuer bezahlen und nennen es dann auch noch Premiumsegment! Wenn Sie die Dielen in Ihrer Wohnung vom Überbelag wie Teppich etc. befreien, werden diese zwangsläufig alt aussehen. Vielleicht sogar erschreckend alt, mit Ausgleichsmasse überschüttet und verschiedenen Farbanstrichen versehen. Dann hilft nur schleifen – aber anschließend wird ein wirklich altes Holz immer einen anderen Farbton haben als ein neues, bei dem ein Charme nur durch Nachbehandlung entstehen kann.

Wenn Sie nicht richtig gut mit einer Profi-Schleifmaschine umgehen können, lassen Sie den Boden abschleifen. Viel zu schnell halten Sie diese große Schleifmaschine, eine Walze, die Sie mit gutem Gefühl über die Bretter führen müssen, einmal lockerer – und schon haben Sie Dellen im Holz, die Sie nicht mehr herausbekommen. Teilen Sie die Arbeiten, die Ihnen ein Handwerker vorgibt, in Dinge auf, die Fachwissen oder Übung und Geschick voraussetzen, und Zuarbeit, die jeder übernehmen kann! Diese führen Sie selbst aus. Überlegen Sie also, ob Sie nicht zum Beispiel selbst die Ecken mit einer kleinen Maschine abschleifen können. Das ist einfach und spart dem Handwerker einige Zeit! Die kleinen Maschinen können Sie für wenige Euro halbtageweise oder tageweise ausleihen. So haben Sie selbst ein Erfolgserlebnis und wissen Ihren Boden zu schätzen.

> **TIPP:**

Kleinlichkeiten zählen – Spießigkeit ist „in": Gehen Sie wirklich jede Position im Kostenvoranschlag durch – sparen können Sie nur, indem Sie kleinlich die Arbeitsschritte durchdenken, auch wenn Freunde Ihnen „Spießigkeit" vorwerfen. Seien Sie penibel und überlegen Sie was Sie selbst machen können – und lassen Sie sich das Sparen bezahlen! Auch wenn ein spezieller Kostenvoranschlag günstiger ist als die anderen – Sie wollen noch mehr sparen!

Ebenso können Sie Ihren Boden selbst bearbeiten, nachdem er abgeschliffen ist! Entscheiden Sie sich, ob Sie eine Lasur möchten. Derzeit ist rauchgrau oder weiß sehr angesagt. Dazu einfach eine Lasur kaufen und, je nach Geschmack, ein- oder sogar zweimal auftragen (dann haften die Farbpartikel stärker am Holz). Nach jedem Arbeitsschritt können Sie die Dielen mit einer feinen Körnung nachschleifen, um aufgestellte Holzfasern zu glätten. Hierbei können Sie ebenfalls kaum Fehler machen. Einfach eine kleine Schleifmaschine locker über die Dielen führen – was soll da schiefgehen? Dann der nächste Arbeitsschritt: lackieren oder ölen und vielleicht noch wachsen. Der Gutachter wird am Ende von dem alten Boden begeistert sein. Ein Werterhalt des Objekts. So haben Sie Geld verdient, anstatt Geld auszugeben! Vor allem sind Sie aus der Kategorie »Standard mit Laminatboden« heraus! Ihr Handwerker wird diese Art der Kosten-Arbeitssplittung nicht gut finden – aber Sie wollen Geld sparen und nicht den Handwerker zufriedenstellen.

Trennwände

Beim Thema »Besichtigungen« habe ich Sie bereits zum »Abklopfen« der Wände aufgefordert. Im Kapitel »Grundriss« haben Sie überlegt, ob Sie nicht auf die jetzt noch vorhandenen Wände aus Rigips verzichten können. Das spart die Bearbeitung auf beiden Seiten der Wand, Sie sparen Material und Arbeitsstunden, also Geld und Zeit. Denn herausreißen ist einfacher, als zwei Wände zu bearbeiten, und es schafft durchdachte Großzügigkeit. Eine Wand, die sich beim Abklopfen hohl anhört, kann keine tragende Funktion haben. Aber Vorsicht: Prüfen Sie, ob Elektroschalter oder Steckdosen in der Wand sind, die Sie abreißen wollen. In diesem Fall einfach den Federschutzschalter ausschalten, und Ihnen wird nichts passieren. Fangen Sie an der Türzarge an (falls vorhanden) und brechen Sie alles heraus. So lernen Sie gleichzeitig den Aufbau einer Rigipswand kennen, und vielleicht entdecken Sie zum ersten Mal die C- und T-Profile aus Aluminium, an denen die Rigipsplatten angeschraubt sind. Stellen Sie die großen Platten zur Seite, und verstauen Sie den kleinen Dreck gleich in Säcken. So können Sie schnell einen Fortschritt sehen, und die Lust, weiterhin selbst in der Wohnung aktiv zu sein, steigt!

Ihnen vorzurechnen, was Sie beim Selbstherausreißen von Rigipswänden sparen können, das kann ich mir sparen. Vielmehr überlegen Sie sich beim Werkeln in Ihrer Wohnung, ob Sie sich nicht auch zutrauen, wenn Sie im Baumarkt genau nachgefragt oder im Internet Anleitungsfilme gesehen haben, (Herstellervideos, www.doit-tv.de) an anderer Stelle – je nach Ihrem Grundriss-Wunsch – eine neue Wand mit C- und T-Profilen und Rigipsplatten selbst zu errichten, beispielsweise eine Abtrennung oder auch einen Stauraum. Achten Sie beim Herausreißen also auf die Konstruktion. Diese ist denkbar einfach, und ich glaube, mit ein bisschen Geschick können Sie auch eine neue Wand erstellen.

Nachdem eine Rigipswand aufgestellt und neu errichtet wurde, müssen die Plattenübergänge gespachtelt werden. Hierzu wird ein Gazeband in die Spachtelmasse eingelegt. Es ist wichtig, eine gute Konsistenz der Gipsmasse zu haben, um dann alles zügig zu verarbeiten. Genau wie beim Fußboden, wo Sie einen Profi den Boden schleifen lassen, Sie dann aber selbst nacharbeiten. Hier beim Bauen mit Rigips sollten Sie sich überlegen, einen Fachmann zu engagieren, der Ihre selbsterrichtete Rigipswand am Ende durchspachtelt. So erhalten Sie ein perfektes Ergebnis. Ebenso können kleine Fehler, die Ihnen beim Errichten passiert sind, noch ausgeglichen werden. Dasselbe gilt für alte Tapeten. Diese können Sie selbst abkratzen und ablösen – anschließend beauftragen Sie einen Profi, die gesamten Wände schnell überzuputzen. Sie werden überrascht sein, wie viel Geld Sie sparen!

> **TIPP:**

Haben Sie keine Scheu, einen Handwerker zu bitten, doch etwas zu übernehmen, was Sie vorher als Arbeitsaufgabe für den Handwerker durch Ihren Einsparungswunsch oder auch der Lust auf Selbermachen herausgestrichen haben. Geben Sie ruhig Fehler zu – das macht Sie sympathisch denn schließlich bewegen Sie sich in für Sie fremdem Terrain. Nur wenn Sie sich etwas mehr zutrauen und etwas mehr wagen, als Sie eigentlich glauben zu können, werden Sie überrascht sein, wie viel Geld sie einsparen!

Elektrik / Wasser

Bei allem Engagement fürs Selbermachen und obwohl es im Internet Videos zum Thema »Absicherung oder Verlegen von Elektroleitungen« gibt – hier kann ich nur raten: Lassen Sie die Finger davon.

Wenn Sie eine Wohnung, die Sie saniert haben, vielleicht irgendwann einmal verkaufen wollen, um den Gewinn, den Sie mit der Sanierung gemacht haben, zu realisieren, brauchen Sie eine Gewährleistung. An der Elektrik und der Wasserinstallation habe ich bei allen Sanierungsprojekten nie etwas selbst gemacht. Bis auf das Anschrauben der Steckdosen und Aufklinken der Schalterabdeckun-

gen kann ich dies auch nicht empfehlen.

Fragen Sie einen Elektriker nach einem Kostenvoranschlag. Versuchen Sie zu handeln und Material selbst günstiger zu besorgen. Aber die Arbeit an sich lassen Sie bitte ausführen, genauso wie bei allem, was mit Gas, Wasser oder Heizung zu tun hat. Wenn bei diesen Arbeitsschritten etwas schiefgeht, riskieren Sie einen Hausbrand oder einen Wasserschaden. Nachher fließt das Wasser sogar durch alle Geschosse, nur weil Sie etwas nicht beachtet haben! Elektriker und Klempner sind langjährige Lehrberufe. Nicht ohne Grund – und davor sollte man Respekt haben. Das soll aber natürlich nicht heißen, dass Sie jeden Preis bezahlen, den Ihnen ein Handwerker auflistet. Dazu später mehr. Die Erneuerung von Elektroleitungen und ein neuer Stand der Verteilung, das sind jedoch Punkte, die ein Gutachter am Ende in die Bewertung der Wohnung aufnimmt.

Oft sind in einer Wohnung im Laufe der Jahre diverse Elektriker gewesen, die mal hier, mal dort etwas ergänzt haben. Manchmal sind einige Steckdosen auf Putz, dann wurde irgendwo mal eine Stromleitung ergänzt und führt ohne Extraabsicherung zum Kühlschrank oder Ähnliches. Eine solide Grundlage jeder Wohnung bilden Elektroleitungen, die allesamt aus drei Adern bestehen und nicht nur aus zweien für Plus und Minus, die womöglich gar noch stoffummantelt sind. Wenn Sie sowieso Ihre Wohnung sanieren, sollten Sie hier ansetzen, einmal alles erneuern, und das in allen Zimmern.

Es ist kein allzu großer Aufwand, die Wände neu zu schlitzen. Sorgen Sie dafür, dass das Stromnetz unter Putz kommt! Der Fachmann hat hierfür ein spezielles Gerät, mit dem sehr schnell die entsprechenden Wege

für die neuen Kabel gelegt werden können. Wichtig ist, dass Sie einen Plan machen. Überlegen Sie sich genau, wo Sie Steckdosen haben müssen – ebenso denken Sie nach, wo vielleicht Steckdosen wegfallen können. Jede Steckdose kostet Geld, und nichts ist unansehnlicher als endlose Steckdosenleisten in jeder Ecke des Raumes. Warum also an einer Stelle eine Fünferleiste legen, an der Sie schon mit Sicherheit sagen können, dass hier niemals Strom benötigt wird?

Machen Sie sich Grundrisspläne, in die Sie Steckdosen und Schalter eintragen. Legen Sie die Pläne ein paar Tage weg und nehmen Sie diese dann wieder zur Hand, um sie noch einmal zu überdenken. Gerade in Räumen wie der Küche ist es in diesem Zusammenhang auch wichtig, einmal seine persönlichen Vorlieben im Umgang mit Elektrogeräten zu überprüfen! Anstatt vieler Deckenleuchten, die – wenn sie sehr schön sein sollen – extrem viel Geld kosten, könnten Sie zum Beispiel einmal über Wandschalen nachdenken. In Höhe von ca. 1,80 oder zwei Metern kommt das Kabel aus der Wand – Sie sparen doppelt:

Der Weg für das Kabel bis zur Mitte der Decke entfällt. Das Verspachteln sowie die Zerstörung der Decke entfallen auch. Außerdem gibt es Wandschalen aus Gips, die einfach in Wandfarbe gestrichen werden.

Mit einem Dimmer als Schalter erleben Sie den puren Luxus. Je nach Bedürfnis kann ein sehr helles Licht

den Raum erstrahlen lassen, da es an der Decke zusätzlich reflektiert. Es hängt aber auch nirgendwo eine Lampe herum, die vielleicht nicht wirklich schön ist. Außerdem bringen Sie den Raum je nach Stimmung immer gut zur Geltung. Von diesen Wandschalen vielleicht zwei, entweder nebeneinander in einem gewissen Abstand oder versetzt im Raum, das wirkt.

> **TIPP:**

Lösen Sie sich von den Dingen, die auch in Ihrer neuen Wohnung so sein sollen, wie sie immer waren. Hinterfragen Sie jeden Kostenpunkt und überlegen Sie sich Alternativen. Nur weil eine Lampe immer in der Mitte des Raumes hing, muss das in Ihren neuen Räumen nicht auch Sinn machen. Was hängt kostenmäßig damit zusammen (Stromkabel verlegen, Schalter einbauen, schlitzen, spachteln etc.). Macht es zum Beispiel nicht vielleicht sogar Sinn, Lichtquellen parallel zu schalten, um Schalter zu sparen?

Ich habe auch sehr gute Erfahrungen mit zusätzlichem Licht in Kniehöhe gemacht. Einfach in 40 bis 50 Zentimeter Höhe einen Stromauslass einplanen. Es gibt viele kleinere Lampen, die man hier entweder in der Wand einlassen kann (Vorsicht – diese können sehr schnell unpersönlich-kühl wirken), oder Sie suchen sich eine kleine aufgeschraub-

te Lampe aus. Das zeugt von besonderer Individualität, hat aber auch den Vorteil, dass Sie nicht immer das volle Licht einschalten oder Stehlampen kaufen müssen. Mit einer einzigen kleinen Leuchte ist der Raum individuell beleuchtet – diese Lampen sind oft Niedervoltlampen, so dass der Stromverbrauch ebenfalls gering ist!

Außerdem überlegen Sie, welche Optik Ihre Steckdosen bekommen sollen. Stehen Sie auf individuelle Schalterprogramme (das Innenleben ist je nach Hersteller meist baugleich), die auf der Wand zu erkennen sind? Warum bleiben Sie im Wandbereich und bei den Steckdosen nicht einfach bei einem Standardfarbton, der auch in Zukunft zu allen Möbeln passen wird, die Sie sich aussuchen werden? Am Schalter jedoch wählen Sie ein besonderes Display. Dies können Sie dann je nach Geschmack auch wieder einmal ändern, ohne sich zu ärgern, dass Sie für jeden einzelnen Schalterrahmen und Drücker fast 100 Euro bezahlen müssen.

Fenster

Wollen Sie Fenster austauschen, Terrassentüren oder Objekte, die nach außen führen? Diese Objekte bezahlen zwar Sie, übergeben sie aber anschließend an die Gemeinschaft. Dementsprechend können Sie hier nicht wirklich sparen, es sei denn, Sie vergrößern eine Fensteröffnung, oder es soll anstatt eines Fensters eine Tür eingesetzt werden.

Eine Fensteröffnung nach unten zu vergrößern ist sehr einfach – das können Sie ebenfalls selbst. Wenn das Fenster herausgenommen ist, erkennen Sie oberhalb vom Fenstersturz, dass hier ein Träger eingemauert wurde. Früher aus Holz, inzwischen aus Stahl, verhindert er, dass das Mauerwerk herunterbricht. Selbst einen Sturz neu zu schlagen und zu mauern, davon rate ich ab, das übersteigt vielleicht Ihre Fähigkeiten. Viel zu leicht schlagen Sie an einer tragenden Wand herum. Die Konsequenzen wären unschön. Aber was soll passieren, wenn Sie unterhalb des Fensters die Öffnung für eine Tür vergrößern? Von oben berühren Sie den Sturz nicht, und wenn Sie nun die Steine nach unten bis zum Boden lösen, damit dann ein Maurer eine Türöffnung mauern kann – das spart einige Stunden Arbeit, und Sie können sich einbringen. Achten Sie darauf, dass keine Steine nach außen auf die Straße fallen; je nach Lage ist hier für Absicherung zu sorgen!

Ein Fenster selbst einzusetzen und die Fuge zwischen Fenster und Wandmauer mit Silikon abzuspritzen geht meist so schnell, dass der

Profi diese Kostenposition auf dem Kostenvoranschlag gar nicht extra ansetzt, sondern im Punkt »Anlieferung und Einbau« unterbringt. Hier gibt es nicht viel zu sparen. Auch sind neue Fenster mit Rahmen ganz schön massiv und sehr schwer: Als Anfänger in puncto Wohnungssanierung lassen Sie hier bitte die Finger davon!

Türen

Ganz ehrlich, mein Budget beim ersten Dachausbau war sehr niedrig. Meine Überlegungen haben mich dazu gebracht, die Badezimmertür einfach wegzulassen. Ich hatte 240 Quadratmeter zu sanieren. Heraus kam schließlich ein einziger Raum, und die Badewanne mittendrin. Was am Ende in allen Zeitungen abgedruckt wurde, war Sparsamkeit pur: Ich brauchte nicht einmal einen Quadratmeter an Wandfliesen – da ich keine Wände hatte, entfiel das Fliesen. Die einzige Stelle, die gefliest wurde, war die Stelle hinter der Toilette – bis in Drückerhöhe. Sparsamer geht's nicht. Gleichzeitig entfielen das Ständerwerk für die Trennwände, die Rigipsplatten, die Dämmung – einfach alles. Zusätzlich

auch noch Honorar fürs Verlegen der Elektroleitungen, Schalter etc., da die Wände rund ums Badezimmer herum einfach nicht vorhanden waren. Dasselbe habe ich auch noch einmal in der Küche gemacht. Am Ende nannte ich das Ganze dann Loft. Keinem fiel auf, dass ich so viel Geld gespart hatte!

In der gesamten Wohnung gab es nur eine Tür – und die führte zum WC. Und auch dort wurde noch gespart: Eine WC-Tür ist meistens schmaler als eine Badezimmertür, da hier keine Standardwaschmaschine mit 59,5 cm Breite hindurchpassen muss. Dementsprechend sind reine WC-Türen auch billiger!

Ebenso der Rahmen, an dem die Scharniere angebracht sind. Das Einzige, was Sie beim Anbringen einer Türzarge beachten müssen, ist, die passende Rahmenhöhe abzumessen und dementsprechend abzusägen. Da aber hier unten meistens noch eine Acrylfuge den Abstand zum Fußboden schließt, kann ich Ihnen nur raten: Sie können eine Türzarge selbst einbauen! Selbst wenn Sie sich dezent versägen – die abschließende Acrylfuge kaschiert Ihre

135

handwerklichen Fehler. Dies spart garantiert An- und Abfahrt plus zwei Stunden Arbeitszeit ein.

Beim Aushärten des Bauschaums, mit dem die Zarge an der Wand fixiert wird, fixieren Sie die Zarge mit auf Türbreite zurechtgesägten Holzleisten (im Paket enthalten), so dass der Bauschaum die Zarge nicht verschiebt, damit Sie die Tür am Ende auch schließen können. Einen Tag später hängen Sie nur noch das Türblatt in die vorgesehenen Angeln – und das war's.

Natürlich empfehle ich nur Standardtüren. Wünschen Sie eine Applikation mit vorgefertigten Bordüren, so lassen Sie sich im Baumarkt aus von Ihnen selbst ausgesuchten Zierleisten mit passender Gehrung gesägte Bordüren schneiden und kleben diese selbst auf! Dann die Tür neu streichen, grundieren und lackieren oder wahlweise zum Autolackierer bringen. Mehr Individualität geht nicht – und bis zum Streichen brauchen Sie noch nicht einmal den Anzug gegen eine Arbeitshose tauschen!

Sie schaffen das!

Die Küche

Die Anschaffung einer Küche kann Ihr Budget um ein Vielfaches übersteigen. Sind Sie schon einmal in einem richtig tollen Küchentempel gewesen? Die Hersteller erweitern ihr Filialnetz ständig, und im Showroom wird Ihnen der ganze Küchentraum vorgeführt. Glänzende Fronten, grifflos und mit Soft-Anschlag. Ein leichtes Drücken mit dem Knie gegen die Front reicht, und schon schnappen Schublade oder Tür auf. Nett nebeneinander angeordnet sind die eingebaute Kaffeemaschine, die Mikrowelle und vielleicht ein Dampfgarer. Die Arbeitsplatten sind entweder zeitlos dünn oder formschön massiv und dick. Das ist sensationell, und es ist schon etwas Besonderes, solch eine Küche für sich zu haben.

Was gefällt Ihnen am besten? Machen Sie sich die Mühe und nehmen Sie ein Beratungsgespräch in Anspruch. Hier erfahren Sie viel Neues. Es wird Ihnen genau erklärt, wie viel Abstand zwischen Spülbecken und Herd sein sollte. Warum ein separater Tiefkühler oder ein Frischefach angesagt sind und so weiter. Natürlich darf auch ein in die Arbeitsplatte integriertes Müllloch nicht fehlen! Dann zum Abschluss noch der Wasserhahn mit herausziehbarer Brause. Perfekt ist eine Küche für – 60 000 Euro.

Jetzt sind Sie baff und traurig, dass die Küche allein so viel kosten kann wie die ganze Wohnung. Bitte – beim Badezimmer kann Ihnen dasselbe passieren. Aber: Es gibt Alternativen.

Als Erstes die Frage: Wie nutzen Sie Ihre Küche? Welche Geräte benötigen Sie? Muss es eine Mikrowelle sein? Kann auf die eingebaute Kaffeemaschine verzichtet werden? Listen Sie alle Geräte auf – jedes misst nach DIN 59,5 cm. Die meisten Fronten und Schränke werden in einem 60er-Maß produziert. Addieren Sie die Geräte zusammen, und Sie haben die Mindestbreite, die Sie brauchen.

Beispiel:

Ein Herd, ein Geschirrspüler, ein Spülbecken – zusätzlich ein Kühlschrank. Unter das Spülbecken kann der Mülleimer. Das sind die Standardelemente, die eine Küche haben sollte. Das macht 4 mal 60 cm – somit müssten Sie mit 2,40 Meter Breite auskommen. Alles darüber Hinausgehende sind persönliche Vorlieben. Wo können Sie sparen?

In Luxusküchen werden die Geräte in spezielle Schränke geschoben. Es gibt einen Kühlschrankkorpus, einen Herdkorpus sowie diverse Schubladenschränke. Diese werden miteinander verschraubt, anschlie-

ßend werden die Geräte reingeschoben und angeschlossen. Dann kommen die Fronten! Eine einzige Türfront kann bis zu 300 Euro kosten, je nach Beschichtung und Lackierung oder Material.

Variante 1

Wenn es eine Luxusfront sein soll, überlegen Sie, ob die Grundschränke sowie die Korpusse, in die die Geräte eingeschoben werden, unbedingt vom selben Hersteller sein müssen. Da alles genormte Elemente sind, können Sie theoretisch auch ein günstiges Korpussegment (Ikea etc.) wählen und diesem eine luxuriöse, fünfmal lackierte Front hinzufügen.

Variante 2

Verzichten Sie auf möglichst viele Korpusträger und verwenden Sie Standgeräte. Diese erreichen alle Normmaße, ohne einen Korpus zu benötigen. Abschließend werden die Schubladenschränke in die Küchenzeile neben den Standgeräten integriert.

Variante 3

Die Qualität einer Küche erkennt man auch an den Scharnieren. Selbst wenn Sie eine günstige Küche wählen: Kaufen Sie Markenscharniere! So können Sie eine Baukastenküche aus dem Einrichtungsgeschäft mit einer sanften Schließung kombinieren, eine ausziehbare Schublade wie im Luxussegment sowie denselben Griff wie bei einer 60 000-Euro-Küche haben. Ähnlich wie bei den Schalterprogrammen wird mit Modulen gearbeitet – was Sie wählen, das bleibt Ihnen überlassen.

Variante 4

Sind die Neuentwicklungen der aktuellen Küchensaison wirklich so enorm anders oder besser als die Küchen vom letzten Jahr? Selbiges gilt für die Geräte. Wichtig sind jedoch die Verbrauchswerte, aber die sind in Deutschland durchgehend gut. Muss das Design genau das aus der aktuellen Saison sein?

Jeder Hersteller hat Vorjahresmodelle und Sonderaktionen, überall werden Ausstellungsküchen sowie Küchen oder Geräte mit kleinen Fehlern verkauft. Wenn Sie zum Beispiel eine Luxusküche, die nicht genau in Ihren Grundriss passt, für 70 Prozent des ursprünglichen Preises bekommen, lassen Sie die vielleicht beschädigten Fronten oder Schränke weg. Oder verkaufen Sie einen Teil der Küche, etwa die Oberschränke, bei eBay. Bei einem Herd oder einem Kühlschrank sind die Neuerungen dieses Jahres im Vergleich zum letzten nicht wirklich entscheidend anders – bedenken Sie den Preisnachlass …

Variante 5

Alle meine Küchen habe ich jeweils selbst gebaut. Suchen Sie sich ein Design aus, fernab der üblichen Korpusfrontvarianten ergeben sich viele Möglichkeiten. Ähnlich wie bei einem Bad eine alte Kommode als Unterschrank für den Waschtisch dienen kann, gibt es bei der Küche die Möglichkeit, alles, was Tisch oder tischähnlich oder kommodenartig ist, aber ungefähr die Höhe einer Arbeitsplatte hat, zu verwenden.

Bei meiner letzten Wohnung habe ich eine alte Backstube als Korpus verwendet. Schauen Sie sich im Internet um, auf dem Trödel, bei Haushalts- oder Geschäftsauflösungen. In meinem Fall hatte der Vater eines Schulfreundes seine Bäckerei aufgegeben. Ich durfte den alten Backtisch haben. Dieser stand seit drei Generationen in der alten schwarz-weiß gekachelten Backstube. In den alten Backtisch habe ich das Spülbecken eingelassen. Die Beine mussten etwas angehoben werden, um für einen Geschirrspüler die richtige Höhe zu bekommen. Das war ein außer-

gewöhnliches Teil! Ein Hingucker! Dazu passend habe ich mich für einen einzeln stehenden neuen Soloschrank entschieden, in dem der Kühlschrank, der Herd und einige Schubladen untergebracht waren. Fertig war die absolute Luxusküche, und der Gutachter hat auch in diesem Punkt am Ende die Küche nicht mit »Standard« bewertet. Mit Vorjahresmodellen sowie vom Hersteller fehlproduzierten Glasfronten hatte ich die Küche für 1 800 Euro luxusbestückt!

Integrieren Sie möglichst viele Geräte in der Wand – gerade wenn Sie am Grundriss feilen und Dinge verändern. Was gibt es Praktischeres, als dass der Kühlschrank oder auch der Herd einfach in der Wand verschwinden? Auf der Rückseite können Sie perfekt in Arbeitshöhe einen Schrank integrieren. So schaffen Sie sich eine Funktionswand in der Wohnung – von der einen Seite Küche, von der anderen Abstellkammer oder Badezimmer mit integrierter Waschmaschine, Trockner oder Stauraum. Sie können die Wasser- und Abwasseranschlüsse zentral legen – das spart zusätzlich!

> **➤ TIPP:**
>
> *Wenn Sie sowieso am Grundriss feilen: Integrieren Sie möglichst viele Geräte in der Wand! Auf der Rückseite können Sie perfekt in Arbeitshöhe einen Schrank integrieren. Sie können auch die Wasser- und Abwasseranschlüsse zentral legen – das spart zusätzlich!*

Außerdem beachten Sie: Wenn Sie einen fertigen Grundriss für Ihre Küche haben – nichts ist einfacher als irgendwann, egal wann, die Küche auszutauschen. Die Geräte sind unabhängig von den Schränken, die Arbeitsplatte ist separat von den Korpusunterschränken zu sehen. Es sind alles einzelne Elemente, die Sie jeweils neu zusammenfügen können.

Ebenso können Sie eine Arbeitsplatte austauschen. Einfach die angeschraubten Elemente wie Wasserhahn, Spülbecken oder Kochfeld unterhalb der Arbeitsfläche lösen, vorsichtig herausheben und eine neue Arbeitsplatte einsetzen. Mit der Stichsäge das passende Maß für die Vertiefungen sägen, und schon können Sie die alten Geräte, die alte Spüle wieder einsetzen! Oder erwerben Sie eine gebrauchte Steinplatte, in der

schon Löcher für Kochfeld oder Spülbecken ausgesägt sind. Diese Platten sind im Handel fast wertlos und daher oft sehr viel günstiger zu haben als eine neue Steinplatte aus Marmor oder Granit. Neu poliert wird aber Ihrer Arbeitsplatte niemand anmerken, dass Sie in Wirklichkeit eine »alte« Natursteinplatte recycelt haben! Da Sie Ihre Küche neu planen, können Sie sich auch nach den vorgegebenen Maßen richten. Außerdem gibt es bei Natursteinen immer dieselben Sorten. »Blue Pearl« ist und bleibt »Blue Pearl«, und »Light Emperador« ist weltweit der gebräuchliche Name für beigen Marmor, der meist für Fensterbänke und Tresen genommen wird. Wenn Sie vielleicht ein Stück ergänzen müssen, wird eine kleine Unterbrechung der Maserung im Gebrauch später nicht auffallen. Oder Sie setzen einfach einen Arbeitsschrank etwas höher, damit nicht auffällt, dass Sie eine »alte« Steinplatte neben einer neuen Platte integriert haben! Eine neue Luxusspüle kann schnell 800 Euro kosten. Bei eBay können Sie dieselbe Spüle gebraucht für 60 Euro ersteigern! Ein Hingucker ist auch eine abgekantete Edelstahlplatte vom Metallbauer mit vorgesägten Öffnungen für die Geräte – diese einfach auf die vorhandene Arbeitsplatte zu kleben ergibt einen neuen Luxuseffekt! Das herausgesägte Stück von Herd oder Spüle eignet sich gut als zusätzliche Ablage, etwa auf einem kleinen Wandvorsprung. Schlagen Sie einfach einen kleinen Träger in eine Steinwand oder nutzen Sie einen Winkel als Unterbau. Egal, ob Sie Holz, Metall oder Stein für Ihre Arbeitsplatte gewählt haben – auf diese Weise ergibt sich eine praktische zusätzliche Ablage aus demselben Material! Oder nutzen Sie ein altes Möbelstück – so sparen Sie wiederum einen Korpusschrank – eine Kommode oder ein Nachttisch vom Trödel ist günstiger und bietet ebenso Schubfächer. Wenn Sie eine Küche neu planen, sollten Sie hier kreativ sein!

Das Badezimmer

Lassen Sie auch hier Ihrer Kreativität freien Lauf. Genau wie Ihnen in der Küche auf einmal Alterativen zur viel zu teuren Designerware einfallen, die Sie einfach im Geschäft bestellen und für die Sie eine übliche Rechnung bezahlen würden, können Sie auch im Badebereich extrem viel Geld sparen!

Als Erstes wieder die Aufgabe an Sie, sich umzuschauen, was es gibt: Trennen Sie dabei die wirklichen Badelemente wie Badewanne, Toilette und Waschbecken, auch Heizkörper, vom Interieur. Was brauchen Sie unbedingt, was ist für Sie Luxus?

Gefällt Ihnen eine gewisse Designlinie eines Herstellers besonders gut, so wird Sie im Fachhandel kein Verkäufer auf die Möglichkeit aufmerksam machen, erst einmal nur das Waschbecken zu kaufen. Das WC wählen Sie aus einem anderen Programm – das geht. Wichtig ist hier im Badelementebereich die Qualität. Es gibt große Unterschiede. So ist ein gutes Marken-WC oder -Waschbecken bis zu dreimal mit Lasur gebrannt, ein Baumarktprodukt aber nur einmal. Natürlich wird das im Laufe der Zeit sichtbar, ebenso ist das Acryl eines Qualitätswannenherstellers ein anderes als das aus dem Baumarkt.

Oft beliefert ein und derselbe Hersteller sowohl den Fachhandel als auch die Baumarktschiene. Eben nur mit verschiedenen Qualitäten. Im Extremfall werden Sie das als Verbraucher beim Kauf gar nicht bemerken, sondern erst während des Gebrauchs.

Bei allen Funktionsdingen wie Küchengeräten oder Badelementen, die regelmäßig benutzt und gesäubert, also im ständigen Gebrauch sind, kann ich Ihnen nur empfehlen, auf ein Markenprodukt zurückzugreifen! Natürlich wird Ihnen im Baumarkt ein Komplettbad für 399 Euro angeboten. Aber ein Gutachter oder ein Interessent für Ihre Wohnung wird das erkennen. Seien Sie clever bei der Beschaffung! Genau wie bei den Küchengeräten gilt: Versuchen Sie, Vorjahresmodelle zu bekommen.

Zweite-Wahl-Modelle: Ein Markenwaschbecken, das einen mini-

malen Produktionsfehler hat und deswegen als zweite Wahl deklariert wird, ist immer noch besser als ein günstiges Importmodell aus dem Baumarkt. Dazu gehen Sie in einen Badfachhandel oder besuchen eine Fachhändlerausstellung! Lassen Sie sich vormerken für Ausstellungsstücke, die Ihnen zusagen – ob Sie ein spezielles Waschbecken diese Woche oder erst in ein paar Monaten bekommen, ist doch wohl egal!

eBay ist ein Wahnsinnstipp. Sie wissen, dass Sie ein neues Badezimmer haben wollen. Also haben Sie auch Zeit – niemand zwingt Sie, gerade jetzt und in den nächsten zwei Wochen ein bestimmtes Waschbecken finden zu müssen. Wenn Sie wissen, wonach Sie suchen, und aufgeweckt recherchieren, dann werden Sie Ihr Modell finden.

Trennen Sie WC und Waschbecken, wenn das Budget nicht für beides aus einer Kollektion reicht. Niemand wird entdecken, dass das WC nicht aus der gleichen Designlinie stammt wie das Waschbecken, zumal wenn die Elemente nicht genau nebeneinander platziert sind.

Trotzdem müssen Sie nicht auf ein Designwaschbecken verzichten! Sie können auch jederzeit ein passendes WC nachkaufen und nachträglich an die Wand hängen (ein WC ist mit zwei simplen Muttern an fest vorgegebenen Schraubelementen angebracht – dieses auszutauschen ist überhaupt kein Problem. Vorsicht, beim Abnehmen wird Wasser auslaufen, welches sich im »Spülknick« befindet). Wenn Sie aber zur Sanierung nicht sofort das passende WC für über 1 000 Euro bezahlen können oder wollen – jede wirklich zeitlose Designlinie wird bei den Herstellern über Jahre angeboten. So können Sie irgendwann das passende WC neu dazukaufen, wenn es der Geldbeutel zulässt – oder eben wenn Sie es als Ausstellungsstück oder bei eBay finden!

Beim Thema Badewanne fragen Sie sich unbedingt, ob Sie wirklich einen Swimmingpool mit 300 Litern brauchen, um tagtäglich diese Menge an Wasser in den Ausguss laufen zu lassen! Ist nicht eine kleinere Wanne zeitgemäßer? Welche Aufstellungsform gefällt Ihnen? Eine freistehende Wanne? Ein Einbaumodell? Auch hier gibt es Einsparpotenzial. Vielleicht setzen Sie am Anfang ein geschwungenes Modell mit Zweisitzfläche und Abfluss in der Mitte auf Ihre Wunschliste. Darauf haben Sie sich eingeschossen. Das Modell können Sie nicht vergessen. Schlafen Sie zwei Nächte darüber. Auch im Badewannensegment gibt es einen Zeitgeist. Warum nicht einfach eine klassische Stahl-Emaille-Wanne guter Qualität wählen, vielleicht als zweite Wahl (weil unter der Wanne irgendetwas eingedellt ist) mit tollen Fliesen kombinieren? Anstatt 3 000 Euro für ein Luxus-Acrylmodell auszugeben, ist eine 100-Euro-Wanne von guter Qualität sehr robust. Beim Betrachten des Gesamtbadezimmers kommt es letztendlich nicht auf die Form der Badewanne an.

> **TIPP:**

Achten Sie auf saubere Arbeitsweise und geschickte Fliesung! Niemals eine Schnittkante sichtbar zum Raum fliesen! Vertikale Flächen möglichst immer an horizontale stoßen lassen – oder wenn Sie noch geschickter arbeiten können, die Schnittkanten als 45-Grad-Gehrung schneiden lassen – so entfallen zusätzliche teure Abdeckschienen und Leisten. Außerdem entsteht der Eindruck, Sie hätten sehr massive Steinplatten in Ihrem Bad. Blickt man aber sofort auf eine unpolierte Schnittkante – das wirkt unschön und billig! Also sollten Sie nicht nur schöne Fliesen aussuchen – um tolle Effekte zu erzielen, müssen Sie auch noch darauf achten, wie Sie Ihre Materialien verarbeiten. Zuschnitte von Fliesen erledigt für ein paar Euro übrigens jeder Steinmetz – hier die Zulieferung vom Fliesenleger in Anspruch zu nehmen ist unnötig!

Machen Sie im Bad Ihre Wohlfühlwünsche wahr! So zeigen Sie Individualität, und Ihre Zeit im Bad ist jeden Tag schön! Schauen Sie nach angenehmen Fliesen. Wenn das Bad neu gestaltet wird, planen Sie vielleicht Raum für eine Stufe zur Badewanne ein, auf der Sie sitzen können. Denken Sie daran, dass Sie Ablageflächen und Stauraum mit Rigips sehr leicht in die Wand integrieren können. Durch eine Trennwand im Raum ergeben sich vielleicht Winkel, durch die man auch ein kleines Bad geschickt aufteilen kann. Ungeahnter Platz entsteht.

Warum immer alles an den Wänden anbringen? Ein WC, im Raum an einer halben Trennwand angebracht, die für eine Unterteilung in WC- und Dusch- oder Badewannenbereich sorgt, kann sehr gut aussehen!

Weitere Tipps, um im Badezimmer Geld zu sparen:

Gefällt Ihnen ein wohnliches Bad besser und sind Sie begeistert von Unterbauschränken aus dem Designlinienprogramm? Schauen Sie doch nach antiken Möbelstücken, Kommoden oder Nachttischschränkchen. Diese übereinander gestapelt, mit ausgetauschten Türanschlägen neu verschraubt und gestrichen, das ergibt ein interessantes Möbelstück als Waschtischunterschrank, separates Regal oder auch Einbaumodell.

Achten Sie bei Fliesen auf Auslaufserien. Oft sind diese extrem günstig zu haben. So können Sie Marmor, Granit oder Ähnliches wählen, wofür Sie ansonsten Unsummen bezahlen müssten, und müssen nicht zu Billigfliesen mit aufgedruckten Mustern greifen, um Ihr Budget nicht zu sprengen!

Die Fußleisten im Bad müssen nicht zwingend mit den Fliesen übereinstimmen. Haben Sie vielleicht sogar die Idee, zwei verschiedene Materialien zu verwenden – Naturstein am Boden und Fliesen an der Wand oder umgekehrt? Das ist eine interessante Mischung, und niemand achtet auf Ihr nicht vorhandenes Luxusserien-WC, wohl aber auf die geschmackvolle Abstimmung der Fliesen. Mischen Sie aber niemals Naturstein auf dem Boden mit einfachen Fliesen ähnlicher Farbe als Fußleiste – das wirkt sehr einfach,

und jeder sieht, dass Sie wohl kein Geld hatten, Marmorfußleisten als Extrazuschnitt an der Schnittkante polieren zu lassen – da ergeben sich nämlich einige Meter! Denn für die Sockel werden immer polierte Kanten benötigt – diese werden pro Meter berechnet, oder aber der Fliesenleger schneidet immer einen Streifen einer ganzen Fliese als Sockel ab. Das ist Verschwendung pur. Lassen Sie den Sockel lieber ganz weg! Einfach die Fliesen oder den Belag sauber bis zur Wand verlegen und dann den Putz bis zur Fuge unten streichen – das wirkt großzügig, und die Zeiten, wo regelmäßig die Waschmaschine im Bad auslief, das Wasser ins Badezimmer floss und nicht in die Wände ziehen sollte, die sind doch wohl vorbei … Jede Waschmaschine hat heute einen Überlaufschutz, und über eine Hausratversicherung verfügen Sie ja wohl auch!

Oder wählen Sie einfach eine dezente Holz-Sockelleiste – weiß gestrichen, passt sie zu jedem Naturstein.

Ein Bad ist kein Schlachthaus! Warum sind Standardbäder immer noch deckenhoch gefliest? Gönnen Sie einer Wand, die keine Funktionswand ist (Waschbecken, WC oder direkte Duschwand), einen Anstrich in einer zur Fliese passenden, neutralen Farbe oder einen interessanten Strukturputz, vielleicht auch eine aufwendige Tapete. Das Bad wird erstaunlich wohnlich, und jeder Gutachter wird Ihnen hier Luxuspunkte geben!

Badewanneneinfassung: Auf einem Kreuzfahrtschiff ist das Bad aus einem Guss. In manchen Hotels hat man den Eindruck, als sei der ganze Wannenblock aus einem massiven Stück Stein geschlagen. Sorry, aber an der Wand und als Spritzschutz,

um die Wanne herum und am gesamten Boden derselbe Baustoff, Granit oder Marmor – das tut keinem Auge gut. Entdecken Sie die Fülle der Materialien und Farben, ohne allerdings den gesamten Tuschkasten zu verbauen. Jede teure Fliese hat Natursteinoptik – Farben changieren, und selbst eine weiße Hochglanzfliese hat diverse Schattierungen. Finden Sie Ihren Lieblingston heraus, und nehmen Sie ihn in der Wandfarbe sowie in anderen Fliesenformaten auf. So bleibt das Bad geschmacklich stimmig und zeitlos, und Sie können immer und jederzeit weitere Materialien in kleinen Mengen günstig aufstöbern.

> **TIPP:**

Es wirkt großzügig, wenn der Fußboden aus der Wohnung im Bad weitergeführt wird. Heute sind Badezimmer keine Waschdampfräume mehr, die man verstecken muss. Haben Sie zum Beispiel Parkett in der Wohnung? Wie gefällt ihnen ein Mittelgang zum Waschbecken, ebenfalls aus Parkett? Mit einer Korkfuge zur Fliese als Übergang sorgen Sie für einen fachgerechten Anschluss, und das Bad ist ein Element Ihrer Wohnung.

> **TIPP:**

Ebenso individuell sind kleine dezente Lichtquellen, die als Set für den Fußboden angeboten werden. Oder die schon im Kapitel »Elektrik« erwähnten kniehohen Lämpchen. So müssen Sie nicht jedes Mal, wenn Sie das Bad betreten, die volle Beleuchtung einschalten. Die kleinen Lämpchen, vielleicht sogar mit Bewegungsmelder geschaltet, sind bequem und sparen zudem Strom!

Heizung: Ein Heizkörper im Bad wird, ebenso wie in allen übrigen Räumen, vom Installateur anhand der Raumgröße berechnet. Überlegen Sie, wie hoch Sie den Heizkörper jemals aufdrehen, so dass Sie sich auch im kältesten Winter wohlfühlen. Die höchste Stufe drehen Sie doch nie auf – denn sonst würde Ihr Zimmer viel zu warm, nicht wahr? Gerade im Bad, wenn Sie duschen oder baden, entsteht zusätzliche Wärme. Was bringt es dann, das Fenster aufzureißen, damit die Hitze und der feuchte Dunst zum Fenster hinausziehen? Kaufen Sie ruhig einen Heizkörper, der kleiner, dezenter und günstiger ist als der, den Ihnen Ihr Installateur vorschlägt. Lieber drehen Sie den Heizkörper einmal ganz auf.

Die Heizung besteht aus einem Wasserkreislauf, der ständig hei-

ßes Wasser aufbereitet. Sie müssen es nur hereinlassen. Mit dem Drehventil am Heizkörper regeln Sie, wie viel heißes Wasser durch die Heizkörperadern fließt. Am Heizkörper steuern Sie nicht den gesamten Heizkreislauf, sondern Sie regeln nur über den Durchfluss die Heizleistung. Die Wassertemperatur selbst wird direkt an der Heizungsanlage eingestellt. Warum also einen Heizkörper nur zur Hälfte aufdrehen? Das heiße Wasser ist schon in der Leitung. Geschickter ist es, die Heizkesseltemperatur Ihren Bedürfnissen anzupassen! Warum beim Duschen immer noch kaltes Wasser hinzufügen, bis die Temperatur gut ist? Probieren Sie aus, die Temperatur an der Heizungsanlage so einzustellen, dass es für die höchste von Ihnen benötigte Temperatur ausreicht. Jedes zusätzliche Grad Wasseraufheizung kostet mehr Energie. Außerdem ist ein kleinerer Handtuchtrockner de-

zenter und erschlägt den optischen Eindruck nicht, wenn Sie das Bad betreten!

> **TIPP:**

Stellen Sie, um Energie zu sparen, die Warmwassertemperatur Ihrer Heizungsanlage direkt am Heizkessel so ein, dass Sie selbst im tiefsten Winter bei voll aufgedrehten Heizkörpern nicht frieren und Ihnen das Wasser beim Duschen gerade warm genug ist. Am Heizkörperventil regeln Sie nur den Durchfluss, nicht die Temperatur des Wassers im System. Ein kleinerer Handtuchtrockner im Bad ist optisch dezenter und spart ebenfalls Energie. Im Sommer können Sie den Heizkreislauf ganz ausschalten – das spart weitere Kilowattstunden!

Dämmung

Viele Etagenheizungen setzen auf Energieeinsparung. Das ist auch sinnvoll. Rechnen Sie allein die monatlichen Einsparungen bei den Nebenkosten durch, wenn Sie, wie im vorangegangenen Kapitel empfohlen, die Heizungsanlage Ihrem persönlichen Wärmebedürfnis anpassen! Muss das Wasser durchgehend 24 Stunden fast kochend bevorratet werden und wieder aufheizen, während Sie gar nicht im Haus sind, arbeiten oder schlafen? Ein ganzes Haus mit zentraler Heizungsanlage

zu koordinieren ist schon schwieriger! Das erinnert mich an die Amerikaner, die ihre Aircondition anlassen – Tag und Nacht und sogar wenn sie am Wochenende ganz woanders sind. Es ist kalt wie im Kühlschrank und kostet … richtig viel Geld und jede Menge Energie!

Notieren Sie sich, wann Sie wirklich heißes Wasser brauchen, und senken Sie während der übrigen Tages- und Nachtzeit die Temperatur ab! Das geht besonders gut mit einer wirklich neuen Heizungsanlage. Deswegen ist eine Wohnung mit eigener Therme sehr zu empfehlen. Die neuen Generationen von Heizungen nutzen dank gezielter Weiterentwicklung der Technik die Restwärme, die alte Anlagen einfach »zum Schornstein hinauspusten«.

Tauschen Sie möglichst schnell in Ihrem neuen Objekt die Heizungsanlage aus. Bringen Sie diese auf den neuesten Stand. Hierzu gibt es immer die Möglichkeit, im Internet einen günstigeren Preis ausfindig zu machen. Sprechen Sie offen mit Ihrem Heizungsmonteur. Bevor dieser gar keine Heizungsanlage verkauft und null Provision vom Hersteller erhält, lassen die Fachbetriebe oft mit sich reden und gewähren Ihnen hier einen tollen Preisnachlass. Jeder Handwerker ist zu Preisnachlässen auf von ihm organisierte Materialien bereit, wenn die ihm angebotene Alternative lautet, dass Sie das benötigte Material zuliefern! Dann entgeht ihm nämlich jegliche Provision.

> **TIPP:**

Tauschen Sie möglichst schnell Ihre alte Heizungsanlage gegen eine neue aus. Diese können Sie entweder im Internet günstig erwerben, oder Sie fragen Ihren Heizungsmonteur nach einem Preisnachlass. Bevor ihm jegliche Verkaufsprovision entgeht, wird er Ihnen entgegenkommen.

Mit einer neuen Heizungsanlage sparen Sie viel Geld im Vergleich zur vielleicht auch nur ein paar Jahre alten vorhandenen Anlage. Diese sollten Sie bei eBay versteigern oder in Kombination mit einem Förderprogramm zum Beispiel des örtlichen Versorgers bei diesem in Zahlung geben.

Ein anderes Thema ist die Dämmung. Hier sollten Sie versuchen, möglichst die Außenwände zu dämmen. Wenn Sie sowieso sanieren, dann ist es kein großer zusätzlicher Aufwand, auch ohne einen Beschluss der Eigentümerversammlung Ihre persönlichen

Räume mit Außenwand von innen zu dämmen. Dadurch sparen Sie Energie, außerdem kommen für Sie so energiesparende Förderprogramme infrage. Wenn Sie Dämmung kaufen, versuchen Sie Restposten zu finden. Dämmung wird in Rollen oder Platten angeboten. Auch wenn die Platten einfacher zu verarbeiten sind, sollte dies nicht das ausschlaggebende Kriterium sein. Dämmung ist im Gesamtpaket gesehen teuer. Innovative Materialien mit guten Dämmwerten von 0,3 oder 0,35 sind teurer, aber auch effizienter als solche mit einem Dämmwert von 0,4.

Wichtig ist doch in der Summe nur, dass der Dämmwert der verwendeten Materialien zusammenpasst. Welchen Hersteller Sie wählen, ob Sie also eine Rolle von Hersteller A und den Rest mit Platten von Hersteller B dämmen – niemand schaut in Ihre Wand hinein, ob der Dämmstoff gelb oder grau ist. Ob Sie Perlite genommen haben oder ein Ökomaterial, zum Beispiel Alpakawolle. Wichtig ist hier wirklich nur der ausgewiesene Dämmwert!

Auch kein Gutachter wird auf die Farben der Dämmung schauen, sondern nur auf die erbrachte Effizienz.

Natürlich unterscheiden sich die Materialien auch von der Verarbeitung her. Aber wenn Sie mehrere hundert Euro sparen können, weil Sie verschiedene Produkte über eBay ersteigert haben, um die benötigte Fläche zusammenzubekommen – hallo? Dann ist das eine Material halt etwas kratziger zu verarbeiten als das andere. Dieser Tipp funktioniert natürlich bei großen Flächen weniger gut – hier ist es schon wichtig, auch zeitsparend, bei einem einzigen Material und Hersteller zu bleiben. Fragen Sie im Fachhandel nach, welche Rabatte man Ihnen bei einer gewissen Größenordnung anbietet. Auch ein Blick über die Grenzen lohnt sich. Das Dämmmaterial wird sowieso mit dem LKW angeliefert – ob der LKW nun aus Dänemark, den Niederlanden oder Polen kommt ... Noch einmal: Entscheidend ist der Dämmwert! Und Ihr Geldbeutel!

Handwerker

Dieses Thema liebe ich, ist es doch zentral mit dem Thema »Sparen und Einsparen« verbunden!

Hier macht jeder seine eigenen Erfahrungen. Wenn Sie nun aber schon so weit gekommen sind, mir folgen, eventuell sogar zustimmen konnten und auch noch mehr Lust auf Eigentum bekommen haben, dann stehen Sie das auch noch durch.

Bei jedem Umbau stand ich zweimal auf der Baustelle, ganz allein. Alle Handwerker hatten ihre Arbeiten abgebrochen – entweder mit den Worten: »Für Sie arbeiten wir nicht mehr!«, oder aber ich musste die anwesenden Gewerke bitten, möglichst schnell die Baustelle zu verlassen, da ich als Herr über das Geld beschlossen hatte, dass nun Schluss war!

Es ist nicht schön, während eines Umbaus allein auf den freigelegten Holzbalken zu stehen – Rohbauzustand. Gerade erst letzte Woche hatten Sie endlich einen Tischler gefunden, der Ihnen die alten Die-

len doch wieder verlegt, obwohl alle anderen Handwerker zuvor diese Arbeit strikt abgelehnt hatten. Jetzt verlässt auch noch Ihr »Hoffnungshandwerker« die Baustelle, und am liebsten würden Sie in den gerade zur Dämmung freigelegten Zwischenraum zum Nachbarn unter Ihnen springen. Sie greifen zum Telefon und bekommen vielleicht noch einen Heulanfall, weil Sie sich selbst leidtun.

Von einer Minute auf die andere ist auch der Vergleich zwischen Ihrer Wohnungssanierung und einem Urlaub nicht mehr passend. Sie stehen ganz allein da in Ihrer Wohnung, alles ist aufgerissen, der geplante Fertigstellungstermin des Badezimmers, der Elektrik oder auch der Heizungsanlage, um endlich wieder warmes Wasser in Ihrer eigenen Wohnung zu haben – alles scheint zu platzen. Sie fragen sich: Warum habe ich das nur gemacht? Warum verzichte ich nicht einfach auf den Gewinn, den mir ein Gutachter bescheinigt, der dann irgendwann in Hemd und Krawatte durch die Wohnung schreiten wird? Auch hassen Sie auf einmal Ihren Bankberater. Vor allem aber hassen Sie sich selbst, weil Sie sich so richtig klar darüber werden, dass Sie im Dreck stehen, während andere scheinbar in der Lage sind, alles einfach so zu bezahlen, ohne immerzu rechnen zu müssen so wie Sie! Wie schön wäre es doch, wenn von den Eltern jetzt ein dicker Scheck kommen würde und Sie aus dieser Situation befreit wären! Wieso kann nicht der Ehepartner etwas mehr verdienen oder auch Sie selbst, dann könnten Sie einfach wegfahren, und ein Handwerker übernimmt alle Aufgaben! Auch Ihre Freundschaften hinterfragen Sie mit einem Mal: Niemand ist da und hilft, keiner hat Zeit. Selbst aufs Telefonieren hat gerade keiner Lust!

Aber da müssen Sie jetzt durch! Wissen Sie was, ich höre Ihnen zu, schreiben Sie doch mir Ihre unglaublichen Handwerkererfahrungen! Das hilft vielleicht.

Es ist gar nicht schlimm, einen Plan zu ändern – ein neuer Handwerker wird sich in Zeiten des Internets und mit den Gelben Seiten sehr schnell finden. Wenn jemand meint, mit Ihnen oder für Sie nicht arbeiten zu wollen, dann lässt er es eben. Sie müssen auf Ihr Geld achten, und das ist gut so. Nicht einfach alles hinzunehmen macht Sie langfristig selbstbewusster. Sie verwalten das Geld, und alle anderen wollen es im Zusammenhang mit Ihrem neuen Eigentum haben. Schon mein erster Einspartipp war, dem Makler aufzuzeigen, dass er nicht vorbereitet ist auf die Wohnung. Warum sollen Sie den vollen Maklersatz bezahlen, wenn dieser noch nicht einmal als Fachmann alle Fragen zum Objekt umgehend beantworten kann? Er wird Ihnen schon einen erstaunten Blick zuwerfen.

> **TIPP:**

Es ist gar nicht schlimm, einen Plan zu ändern – ein neuer Handwerker wird sich in Zeiten des Internets und mit den Gelben Seiten sehr schnell finden. Wenn jemand meint, mit Ihnen oder für Sie nicht arbeiten zu wollen, dann lässt er es eben!

Wenn Sie dem Handwerker sagen, dass Sie die Materialien selbst anliefern wollen, sieht dieser seine Prozente schwinden – aber hallo? Es ist Ihre Wohnung, und Sie versuchen ein Plus zu erwirtschaften. Sie brauchen einen Handwerker, und keinen, der in den Baumarkt fährt und dann die Materialien mit einem fetten Aufschlag an Sie weiterverkaufen will!

Sie brauchen auch keinen, der jeden Morgen eine Stunde Anfahrt und am Abend eine halbe Stunde Abfahrt berechnet. Bezahlen Sie das ohne Kommentar und Absprache, so werden Sie am Ende mit Ihrem Budget niemals auskommen. Eine andere Variante ist auch: Sie persönlich nehmen sich Urlaub, um zuzuarbeiten, und der Handwerker kommt zwei Stunden später. Der Termin war fest vereinbart, aber dann, nach zwei Stunden, klingelt er an der Tür und erklärt, er musste einen Parkplatz suchen. Wissen Sie was? Das bedeutet Rausschmiss! Zumal er abends, wenn es ums Unterschreiben des Stundenzettels geht, noch versucht Ihnen diese zwei Stunden zu berechnen. Sie nehmen sich Urlaub und sollen dann für jemanden anderen, den Sie beauftragen und dem Sie helfen wollen, auch noch die Parkplatzsuche bezahlen?

Denken Sie nach – wessen Geld geben Sie aus? Bleiben Sie beim Rausschmiss und freuen Sie sich über Handwerker, von denen Sie etwas lernen. Geben Sie lieber eine Stunde extra aus, um Fachwissen zu erfahren. Suchen Sie sich aber Handwerker, die sich freuen über Sie als Laien und die Sie integrieren. Das ist auch im Handwerkerleben eine Abwechslung.

Bei jedem Arbeitsschritt müssen Sie sich fragen: Wollen Sie Geld ausgeben, um alle Beteiligten glücklich zu stimmen, vielleicht noch Kaffee und Kuchen um halb zehn servieren, dazu mittags eine Pizza, weil Sie einen netten Eindruck hinterlassen wollen? Oder wollen Sie für das bezahlen, was Sie wirklich brauchen? Überlegen Sie sich gut, was Sie hinnehmen wollen, und respektieren Sie Ihre eigene Grenze. In dieser und in jeder anderen Situation.

Viele Dinge, die ich schreibe, werden Handwerkern nicht gefallen. Natürlich mag ein Tischler gerne einen alten Boden herausreißen, altes Material abtransportieren und neues anliefern, um dann einen Boden zu verlegen und zu schleifen. Was ist davon wirklich der Arbeitsschritt, den Sie nicht selbst erbringen können, da es eine Tischlerarbeit ist? Richtig – Boden abschleifen, dazu benötigen Sie Erfahrung. Also sollte das der Fachmann übernehmen.

Wenn Sie der Meinung sind, dass Sie die Ecken selbst abschleifen, dann kann Sie keiner daran hindern – es ist schließlich Ihr Geld, welches Sie nicht ausgeben. Es ist Ihre Entscheidung, und niemand hat Ihnen zu sagen, dass es eine falsche ist. Wenn Sie sich entscheiden, einen Handwerker nur für das zu bezahlen, was Sie in Auftrag gegeben haben – ist das schlimm? Wenn er das nicht akzeptiert – wer ist dann der »bad guy«? Das sind ganz sicher nicht Sie!

Das können Sie auf alle Gewerke anwenden. Wenn Sie meinen, Sie möchten Fliesen selbst legen und nur die Ecken oder den bodengleichen Abfluss von einem Fachmann machen lassen: Wer hat Ihnen da hineinzureden?

Der Kostenvoranschlag

Fragen Sie drei Handwerker nach den gleichen Arbeiten und bitten um einen Kostenvoranschlag, Sie werden drei extrem unterschiedliche Preise bekommen. Schauen Sie sich die Kostenvoranschläge genau an – nicht immer ist der günstigste der Beste: Denken Sie nach.

Warum sollten Sie bei allen Gewerken, die Sie beauftragen, eine so bezeichnete »Baustellen-Einrichtung« bezahlen? Dass ein Tischler sein Arbeitsmaterial mitbringt, um bei Ihnen anschließend arbeiten zu dürfen, ist eine Selbstverständlichkeit und keine Gnade! Nur weil so etwas »üblich« ist, müssen Sie es nicht bezahlen – Sie entscheiden, was bei Ihnen üblich ist. Eine Baustelleneinrichtungsgebühr ist nicht üblich und wird gestrichen! Das ist genauso, als wenn Sie vor dem Kuchenbacken jedesmal zehn Euro in ein Sparschwein stecken müssten. Dann können Sie auch gleich den Kuchen im ortsbesten Hotel bestellen und anliefern lassen – als »Einrichtungsgebühr« fürs anstehende Kaffeetrinken. Es gibt Zeiten im

Leben, da ist kein Geld fürs Sparschwein vorhanden. Ebbe in der Kasse. Der Erwerb von Immobilieneigentum ist so eine Phase! Also sparen Sie! Und denken Sie bei jedem Kostenposten nach!

Wenn Sie bei fünf Gewerken jeweils mehrere hundert Euro nur an »Baustelleneinrichtung« bezahlen, ohne zu hinterfragen, was das soll – da kommt einiges zusammen!

Kennen Sie das? Morgens kommt der Handwerker an und stellt dann fest, dass er noch Material braucht. Können Sie nicht erwarten, dass er das Material mitbringt? Schließlich verdient er daran. Alles, was ein Handwerker bei Ihnen braucht und verbraucht, wird er im Großhandel wesentlich günstiger bekommen und Ihnen dann mit Aufschlag berechnen. Warum sollen Sie also die Zeit, um das Material zu besorgen, *und* den Materialaufschlag bezahlen?

Jeden Morgen beginnt der Stundenzettel um sieben. Die Handwerker erscheinen aber erst um acht oder halb neun, denn sie mussten Material besorgen. Die lange An-

fahrt, dann auch noch einen Parkplatz suchen. Entschuldigung: Wann beginnt Ihre bezahlte Arbeitszeit? Meine beginnt grundsätzlich, wenn ich am Projekt bin. Die Fahrzeit und die Parkplatzsuche bekomme ich nicht bezahlt! Warum soll ich das anderen zugestehen, und zwar täglich allen Gewerken? Rechnen Sie einmal durch, wie viel Geld oder Prozente Ihrer Sanierungsmaßnahmen in die Materialbeschaffung, Anfahrt, Baustelleneinrichtung, in Telefonzeiten, Pausen etc. fließen würden, wenn es nach dem Willen der Handwerker ginge? Sie wollen ja gerade Geld sparen und können Materialien selbst besorgen bzw. sogar mitarbeiten. Wenn Sie hier nicht strikt Ihre Meinung vertreten und vor allem auch durchsetzen, werden *Sie* am Ende Material besorgen, Kaffee kochen, mittags eine Pizza servieren, nur damit die Stimmung gut ist. Sie werden An- und Abfahrt bezahlen, und zwar täglich. Sie werden beim gesamten Material volle Preise bezahlen und sich einreden lassen, dass ein WC zum Waschbecken passen muss!

Vielleicht wird für Sie ein Wohnungskauf über einen Bauträger sogar gedanklich noch zum Schnäppchen, da Sie sich nicht in der Lage sehen, klar zu äußern, dass Sie nur die Stunden bezahlen wollen, in denen ein Handwerker auch seinen Job gemacht hat.

Prüfen Sie, ob eine Pauschalsumme für Sie plausibler ist und Ihrem Gemüt besser tut. So kann der Handwerker selbst entscheiden, wann er Material holt und wann er wirklich arbeitet. Wenn Sie nach Stunden bezahlen, stellen Sie klar, dass Telefonieren bitte von der Arbeitszeit abgezogen wird. Ich hatte den Fall, dass ein Handwerker gerade eine Trennung hinter sich hatte und dies, ich kann es verstehen, mit allen Freunden durchdiskutieren musste. Am Ende des Tages sollte ich acht volle Stunden bezahlen, am Ende der Woche 36 Stunden zu einem Stundenlohn von 72 Euro. Das wären 2 592 Euro gewesen ... Ich habe die Stunden zusammengestrichen auf 16 Stunden – mich auf die Arbeitsstunden beschränkt – und 1152 Euro bezahlt.

Wenn Sie selbst auf Urlaub verzichten und in Ihrer Wohnung mitsanie-

ren wollen, können Sie nicht jeden Kostenvoranschlag ungeprüft bestätigen, nur weil er der günstigste war! Gehen Sie die Materialien auf dem Kostenvoranschlag durch. Fragen Sie nach Alternativen, und schauen Sie im Internet nach Preisen. Falls Sie Unterschiede feststellen, überlegen Sie sich, das Material selbst zu besorgen. Ebenso hinterfragen Sie bei jedem Posten sowie bei jedem zu beauftragenden Arbeitsschritt, ob Sie selbst diese Aufgabe übernehmen können oder wollen!

Kommt Ihnen das befremdlich vor? Sie kaufen im Supermarkt doch auch nicht für ein einziges Essen am Wochenende ohne nachzudenken so viel Fleisch ein, dass sie spätestens am Dienstag einen Großteil davon wegschmeißen müssen. Auch wiegt Ihnen die Verkäuferin nicht mehr ab, als Sie wollen. Warum auch? Sie buchen auch nicht zwei Urlaube zur selben Zeit. Sie können schließlich nur in einem Flugzeug sitzen. Und schon ähnelt ein auf den ersten Blick für Sie vielleicht strenger Umgang mit Handwerkern wieder dem Urlaub: Wenn Ihnen ein Hotelzimmer nicht passt, dann beschweren Sie sich. Sie werden meistens umgebucht, oder akzeptieren Sie etwa zwei Wochen im Abgasmief, weil Ihr Zimmer anstatt zum Strand zu einer sechsspurigen Straße hinaus liegt?

Warum also das ganze Geld verlieren, wenn Sie sich schon so gut vorbereitet haben? Achten Sie wie im übrigen Leben auch beim Sanieren Ihrer Wohnung auf die Kosten – jeder einzelne Punkt bietet viele Möglichkeiten.

Streiten Sie nicht unnötig. Machen Sie Ihren Standpunkt klar und bleiben Sie dabei. Wenn Sie keine Anfahrt bezahlen wollen, sprechen Sie dies ab. Aber dann dürfen Sie auch die Ihnen vorgelegten Stundenzettel nicht so unterschreiben. Wenn hingegen am Ende trotzdem mehr Stunden berechnet werden, als von Ihnen abgezeichnet, und Sie sogar angemahnt oder mit einem Gerichtsprozess überrascht werden – bleiben Sie bei Ihrer Haltung: Hierfür brauchen Sie vor Gericht noch nicht einmal einen Rechtsanwalt. Ihre Position können Sie selbst vertreten – und Sie werden den Prozess gewinnen. Ganz

sicher! Dasselbe gilt für Material, welches Sie selbst besorgt haben. Wenn Sie vereinbart haben, dass Sie einen bestimmten Stundenlohn bezahlen, wird auch nach diesem Stundenlohn abgerechnet. Wenn Sie einen Pauschalpreis verabredet haben, bezahlen Sie selbstverständlich erst, wenn die Arbeit geleistet wurde. Eine Abschlagzahlung sollte Ihrerseits niemals in einer Höhe erfolgen, so dass der Handwerker ein begonnenes Projekt unter Umständen nicht zu Ende führt, sondern sich ein Abbruch mehr lohnt als weiterzumachen!

Auch in Ihrem Berufsleben gibt es sicherlich durchaus Projekte, bei denen Sie einfach langsam waren oder zu Hause eine gewisse Vorbereitungszeit investiert haben. Das müssen sie sich selber eingestehen. Dann machen Sie selbst Überstunden, und diese werden Sie auch nicht bezahlt bekommen. Warum sollen Sie einem Handwerker mehr bezahlen, als Sie vereinbart haben oder als er selbst vorher veranschlagt hat? Wer ist der Profi und wer muss demnach seine Vereinbarungen einhalten? Es ist nicht unanständig, auf geleistete Stunden zu achten; es ist unanständig, um an einen Auftrag zu gelangen, weniger Stunden zu veranschlagen, nur um den Auftrag zu bekommen. Am Bau herrscht ein rauer Ton. Am Ende fragt Sie niemand, ob Sie Kaffee serviert und mittags auch noch Pizza geholt haben. Sie allein müssen sich fragen – und das leider bei jedem Schritt und jeden Tag wieder –, was Sie von einem Handwerker wollen. Nicht mehr – und nicht weniger.

Benötigen Sie einfach nur einen Bauhelfer, so ist es ratsam, sich an einen Personaldienst zu wenden. Hier bekommen Sie offiziell und zu einem normalen Stundensatz Hilfe, ohne Ihre Freundschaften zu strapazieren. Darauf greifen Sie zurück, wenn Sie gewisse Arbeiten günstiger erledigen wollen, als es ein Handwerker tun kann (beispielsweise beim Herausreißen von Teppichböden, beim Transport von Materialien in die Wohnung etc.).

NOTIZEN

KAPITEL 6

DIE BEWERTUNG

Nachdem Sie die Wohnung fertiggestellt haben, sollten Sie nun den Erfolg in Geld umwandeln. Sie haben vor Ihrer Immobilienauswahl Ihre Bedürfnisse gut überlegt, umgesetzt und sich vielleicht schon in Ihrer neuen Umgebung eingewohnt? Jetzt sollten Sie über eine Neubewertung durch einen Immobiliengutachter nachdenken. Diese Berufsgruppe ist zertifiziert und entweder frei tätig oder für Banken sowie auch für Rückversicherer.

Der Ansatz, der hier verfolgt wird, ist der, den von Ihnen bezahlten Kaufpreis und die somit bei Ihrer Bank angesetzte Höchsteinpreisung zu »durchbrechen«. Ihre Bank wird immer nur den Kaufpreis zzgl. etwaiger Investitionen als Wertobergrenze ansetzen. Dementsprechend wird der Beleihungssatz Ihrer Kredite eingepreist. Eigenarbeit, Preisverhandlungen mit Handwerkern, Maklern und so weiter werden ohne Wertgutachten seitens der Bank noch nicht berücksichtigt.

Ein Gutachter arbeitet die Bewertungskriterien Punkt für Punkt in Ihrer Immobilie ab. Er ist durch seine Ausbildung bei Banken akzeptiert, und sein »Urteil« über Ihre Wohnung wird bei den bankeneigenen Einschätzungen wertkorrigierend eingesetzt.

Dazu ist eine Besichtigung nötig. Bevor Sie aber einen Gutachter beauftragen, sollten Sie Ihr Institut befragen, ob es präferierte Gutachter hat, denn die Kosten hierfür tragen Sie. Oft sind Banken oder Sparkassen vertraglich an gewisse Gutachterbüros gebunden – auf diese zurückzugreifen sichert Ihnen eine Bindung Ihres Kreditinstituts an das Urteil des gewählten Gutachters im Vorhinein zu.

Der Gutachter wird Ihre Wohnung besichtigen und Ihre Immobilie mit Fotos dokumentieren. Jetzt ist auch der Zeitpunkt gekommen, die Rechnungen und Quittungen Ihrer Sanierung vorzulegen – bzw. die Kostenvoranschläge, insofern diese die Arbeitskosten und Material-Neupreise ausweisen. Dokumentieren Sie auch, wo Sie selbst mitgearbeitet und wo Sie Materialien günstiger bekommen haben (z. B. durch den Kauf von Vorjahresmodellen oder Ausstellungsstücken mit Preisnachlass oder bei eBay etc.).

Außerdem werden Sie dem Gutachter alle Ihnen vorliegenden Objektzeichnungen sowie andere Dokumente aushändigen. Dieses Gutachten wird ein den objektiven Marktgegebenheiten entsprechendes, aussagekräftiges Urteil über Ihre Immobilie fällen!

Sie sollten dem Gutachter auch über den Ausführungzeitpunkt Ihrer Sanierungen berichten. Natürlich ist eine Gutachterbeauftragung zügig nach einer erfolgten Sanierungsmaßnahme zu empfehlen; vergehen erst Jahre und ist das Bad oder die Küche nicht mehr neuwertig, so wird es hier Abschläge im Preis geben.

Einige Zeit nach der Besichtigung wird Ihnen das Gutachten dann ausgehändigt. Es enthält die Aufstellung der Dokumente, die für das Gutachten relevant sind:

- einen Grundbuchauszug (datiert, um die Lastenfreiheit zu bestätigen),

- eine Teilungserklärung (um etwaige Verpflichtungen und Zahlungen wertmindernd zu berücksichtigen),

- die Kopie einer Flurkarte (um die Immobilie eindeutig im Verbund anderer Häuser und Nachbargrundstücke einzuordnen),

- die Grundrisse der jeweiligen Eigentumseinheit oder, bei Bewertung eines Hauses, der gesamten Geschosse,

- eine Wohnflächenberechnung (um eindeutig anrechenbare Flächen auszuweisen und für den Wertansatz zu berücksichtigen).

Außerdem holt der Gutachter zum Wertermittlungsdatum eine Auskunft der »Kaufpreissammlung« ein. Hier werden alle Veräußerungen zusammengefasst, die in einer Stadt getätigt wurden. So wird der Zeitgeist sowie ein Trend berücksichtigt. Auch werden auf diese Weise ganz neu errichtete oder von einem Bauträger sanierte Immobilien in ihrer Umgebung erfasst. Diese spiegeln auch die teuersten derzeit am Markt erzielbaren Quadratmeterpreise wieder. Gleichzeitig wird ein Höchstpreis für »zeitgemäß, energetisch perfekt und neu« ausgelotet.

Der Gutachter wird sich an den zeitnahen Verkäufen in Ihrer Wohnlage orientieren. So wird Ihre Immobilie bei sauberer und fachgerechter Ausführung der Arbeiten (egal, ob dies in Eigenarbeit oder durch Fachleute oder eine Mischung aus beidem geschehen ist) in das marktübliche Preisgefüge eingeordnet!

Marktgängigkeit

Die allgemeinen Lageeigenschaften

Hier wird die Wohnlage im Stadtumfeld bewertet. Das Urteil lautet »problematisch«, »einfach« oder »gehoben«, je nachdem, in welchem Stadtbezirk sich Ihre Immobilie befindet. Natürlich hat diese Aussage rein gar nichts mit Ihrer Sanierung zu tun, sondern spiegelt lediglich das Umfeld Ihres gewählten Domizils wieder. Wenn Ihre Wohnung von Hochhäusern umgeben ist und noch dazu an einer lauten U-Bahn liegt, sich vielleicht dazu noch in einem städtischen Problemviertel befindet, könnten Sie daran nichts ändern. Aber wie gesagt, auch diese Wohnungen kosten Geld: Wie im Kapitel über die Lage erklärt, kann

ich Ihnen nur raten: Bevor Sie gar nichts haben, greifen Sie lieber in einer nicht so angesagten Umgebung zu!

Die speziellen Lageeigenschaften

Nach der allgemeinen Lage wird anschließend die spezielle Lageeigenschaft kommentiert – hier wird durchaus Ihr Geschick bei der Auswahl honoriert. Zum Beispiel wird gefragt: Wie vermarktungsfähig ist Ihre Immobilie? Haben Sie einen besonderen Ausblick auf eine unverbaubare Grünfläche oder einen Park, einen See oder ein Naherholungsgebiet? Vielleicht befindet sich Ihr Haus an einer Hochbahn – Ihr persönliches Eigentum befindet sich aber im Hinterhaus, und Sie schauen auf hohe Bäume, so dass man von der Hochbahn vor dem Haus gar nichts mitbekommt. Oder haben Sie in einem Haus an einer großen Kreuzung investiert – Ihre Wohnung liegt aber im Dachgeschoss, und Sie blicken über die gesamte Stadt und können eine schöne Silhouette erkennen – Skyline-Blick sozusagen? Dies wird im Gutachten mit: »Die speziellen Lageeigenschaften des Bewertungsobjektes sind bezogen auf die allgemeine Wohnlage überdurchschnittlich« umschrieben. Das heißt so viel wie: Es ist Ihnen gelungen, in einem begrenzt begünstigten Stadtteil eine besondere Immobilie zu erwerben. Außerdem werden die Größe sowie die Bewohnbarkeit beurteilt. Zeigt der von Ihnen umgesetzte Grundriss eine großzügige Struktur, dann kann diese prädestiniert sein für gehobene Klientel, Individualisten oder auch sozial geförderte Personen. Bei der Einstufung des Vermarktungszeitraumes (»leicht« bis »schwierig«) werden Ihre speziellen Gedanken über die Raumaufteilung berücksichtigt. Denn die Vermarktbarkeit ist für das Gutachten wichtig. Egal ob Sie das Objekt veräußern wollen oder nicht – ein Gutachten soll einen Preis festlegen. Jede Bewertungsäußerung dieses Fachmanns zielt also auf den Verkauf Ihres Objektes. Wie viel Zeit werden eine Bank, Sparkasse oder auch Sie selbst für den Verkauf sowie die Erzielung des angesetzten Preises benötigen?

Abschließend stuft der Gutachter die »Marktgängigkeit« ein. Diese kann von »schwer marktgängig« (wenn die Wohnung sehr speziell ist) bis hin zu »gut« (wenn die Wohnung für verschiedene Zielgruppen infrage kommt) reichen. Haben Sie beispielsweise zeitgemäß eine gewisse Flexibilität im Grundriss in Ihre Überlegungen einfließen lassen, wird ein Objekt schneller zu veräußern sein als eine große Wohnung mit vielen Quadratmetern, aber extrem kleinen Zimmern (Tipps dazu in Kapitel »Der Grundriss«).

Ertragsermittlung

Unter »Ertragsermittlung« wird die Wohnflächenberechnung zugrundegelegt, auch etwaige Terrassenflächen, Balkone sowie Außenflächen, die Ihrem Eigentum zugeordnet werden können, werden hinzuaddiert. Von dieser Summe leitet man, mietspiegelgemäß, die Ertragsmiete ab. Diese kann in Großstädten oft um mehr als 100 Prozent schwanken. Hier kommt nun Ihre ganz spezielle Sanierung zum Tragen und rechnet sich in barem Geld. Der Mietspiegel weist für eine Gegend, beispielsweise für ein Haus, welches vor 1918 fertiggestellt wurde, 7 Euro pro Quadratmeter aus – und 11 Euro pro Quadratmeter für einen Neubau in derselben Gegend. Ihre Wohnung mit den speziellen Maßnahmen wird vielleicht extra aufgelistet: Hinterhaus mit freiem Blick, eine Dachgeschossmietwohnung oder ein Atelier mit Loft-Charakter ab Ihrer Größe kosten beispielsweise zwischen 7,50 Euro und 12 Euro pro Quadratmeter im weiteren Umfeld.

Jetzt legt der Gutachter einen Mindestwert fest, der seiner Einschätzung nach unter Berücksichtigung der Lagefaktoren wie Parknähe, Ausblick plus Ausstattung und Struktur Ihrer Wohnung erzielbar ist. Er legt sich beispielsweise auf 11 Euro fest und definiert damit eine Nettokaltmiete. Das Haus, in dem sich Ihre Wohnung befindet, setzt er mit einer Restnutzungsdauer von 50 Jahren an. Im folgenden Beispiel gehe ich von 110 Quadratmetern aus:

Monats-Rohertrag:

110 qm Wohnfläche	x 11 €/qm mtl. = 1 210,00 €
Jahresrohmiete	x 12 Monate = 14 520,00 €
abzüglich Bewirtschaftungskosten (jährlich)	= 1 430,00 €
Verwaltung (jährlich):	= 275,00 €
Instandhaltungsrücklage: 110 qm x 10,50 €/qm	= 1 155,00 €

Eingepreist wird außerdem ein 2%iges Mietausfallwagnis –
somit ergeben sich in diesem Beispiel als Jahresreinertrag: = 2 800,00 €
abzüglich Bodenerwerbsverzinsung (Ertragswert) 24 000,00 €
(als Beispiel) 3,5 % ./. 840 €
= 11 960,00 €

Abschließend werden der Instandhaltungsrückstau sowie ein Kapitalisierungsfaktor eingerechnet, zuzüglich des Bodenwertes ergibt sich dann ein Ertragswert von (als Beispiel)
= 321 942,00 €

Gerundet ist Ihre Wohnung nun (bestätigt per Gutachter) 320 000 Euro wert!

Die Sachwertermittlung kann ausgeschlossen oder ebenfalls aufgeführt werden. Hier würden dann die einzelnen Sachwerte extra aufgelistet werden.

Vergleichswertermittlung

In der Vergleichswertermittlung orientiert sich der Gutachter an Verkäufen vergleichbarer Objekte. Dem Gutachterausschuss liegen Vergleichsfälle in ähnlicher Lage vor. Aus vergangenen Jahren hat er hier einen Überblick, wie viel

Geld bei Wohnungen mit ähnlicher Fläche erzielt wurde. Als Beispiel schwankt dieser Betrag zwischen 1 500 und 3 200 €/qm. Dann legt der Gutachter unter Berücksichtigung der Objektlage sowie der speziellen Wohneigenschaften einen entsprechenden Vergleichswert fest. Hier kommen Ihre Ausstattung und Ihr Händchen zum Tragen, und Ihre Wohnung erhält das Prädikat »gehoben« oder »Standard«.

Als Beispiel setzen wir 2 800 €/qm an.

Wohnfläche Etagenwohnung	110 qm x 2 800 €/qm = 308 000 €
Vergleichswert gerundet	= 310 000 €

Unter der Vergleichswertermittlung (Beleihungswertvorschlag) wird der Bank ein Beleihungswert vorgeschlagen, der außerdem Unsicherheiten und Unwägbarkeiten einpreist.

10 Prozent (im Beispiel 31 000 Euro) werden hier meist als Unwägbarkeit angesetzt – also ergeben sich für den

gemindert gerundeten Vergleichswert	280 000 €

Anschließend wird die Fläche im Hinblick auf die Nutzbarkeit sowie Möglichkeiten der Nutzung bewertet. Ist der Grundriss sehr »offen« – lassen sich ohne weitreichende Umbau- und Statik-Änderungen Trennwände einziehen und somit eine Nutzung für andere Wohnbedürfnisse gestalten? Dieses ergibt dann die Klassifizierung in »Eigennutzung« bzw. »Veräußerung/Vermietung«: Ist die Wohnung so sehr auf die eigenen Bedürfnisse zugeschnitten, dass sie eigentlich für jemand anderen kaum nutzbar ist, oder könnte sie ohne Probleme und sofort verkauft oder vermietet werden?

Der Gutachter bezieht sich auf das Grundstück an sich. Hier wird das Flurstück aufgeführt und die Gesamtwohnfläche auf der Grundstücksfläche berechnet. Dann wird Ihr Anteil festgestellt – wie viel gehört Ihnen vom Gesamtgrundstück? Dementsprechend ist der Bodenwert zu berechnen:

Jetzt führt das Gutachten die einzelnen Abteilungen im Grundbuch und auch die Beschränkungen auf. Eingetragene Altlasten wie Verpflichtungen, Beschränkungen, Wegerechte, Überbauungsrechte etc. werden leider als wertmindernd angesehen – auch städtebaulich erfolgte Eintragungen mindern den Bodenwert. Der Gutachter besichtigt das Grundstück und spricht eine Einschätzung aus, etwa dass aus der Feststellung einer Ortsbesichtigung und derzeitigen Nutzung kein Altlastenverdacht begründbar ist.

Sodann wird der Bodenwert aus der Bodenrichtwerttabelle entnommen. Die Geschossflächenziffern, so genannte Koeffizienten, fließen ein – so kann es einen Aufschlag aufgrund der Lagekriterien geben, bei dem wieder Ihre Begabung für das Finden einer tollen Wohnung in mäßiger Umgebung belohnt würde – diese Aufschläge betragen bis zu 30 Prozent.

Sie sehen, hier fließen Bewertungspunkte mit ein, an die Sie beim Kauf Ihrer Wohnung niemals von selbst gedacht hätten. Ohne Sie noch mehr mit Zahlen und Rechenwerk vom Finden Ihrer eigenen Wohnung und der Sanierung Ihres ersten Objektes abzuhalten, darf ich der Vollständigkeit halber noch die Punkte

»Grundstück« (Stellplatzsituation für PKWs) sowie die Lage der Versorgungs- und Entsorgungsleitungen erwähnen. Beurteilt wird auch die Grundstücksbreite und -tiefe (geht hiermit eine Erschließungsbeitragsfreiheit einher?).

Abschließend wird auf das Gebäude eingegangen. In welchem Zustand befindet sich die Substanz an sich? Aufgelistet werden nach Angabe des Baujahrs die Anzahl der Geschosse sowie die Konstruktion. Sodann wird der Zustand von Decken, Fassaden, Dach, Treppenhaus, Fenstern, Türen, Innenwänden und Fußböden, Sanitär- und Elektroinstallation beurteilt. Das Vorhandensein eines Fahrstuhls wird auch kommentiert. Der Zustand der Heizung wird beurteilt sowie die Außenanlagen (Begrünung, Fahrrad- und Containerstellplätze).

Ganz am Ende gibt es noch einmal eine Zusammenfassung der wichtigsten Kriterien wie der Entfernung zu den wichtigen Punkten der Stadt (wie weit ist das Zentrum, die nächste S- oder U- Bahn, der Hauptbahnhof etc. entfernt).

Ich benutze das Wort allumfassend – dieses Gutachten liefert Ihnen ein begründetes und belegtes Zeugnis Ihrer Immobilie. Ich denke, die Ansätze der einzelnen Kapitel und die Möglichkeiten der Ausgestaltung und Wertschaffung durch Eigenarbeit und Organisation sind klar erkennbar!

Ermittlung eines Marktwertes

(Kurzwertermittlung)
Objekt-Nummer
Wertermittlungsstichtag: aktuelles Datum

Anforderer   Marco Aldag, FinanzBuch Verlag, München

Objekt   Eigentumswohnung XYZ Hamburg

Eigentümer   FinanzBuch Verlag, München

Vorbemerkung

Gegenstand der Wertermittlung ist eine nach WEG aufgeteilte, eigenge-nutzte Etagengeschosswohnung in Hamburg-Winterhude. Der Ausbau der Eigentumswohnung ist bis auf Restleistungen abgeschlossen, die Wohnung ohne nennenswerte Einschränkungen nutzbar. Gemäß genehmigter Planung ist noch die Schaffung einer Dachterrasse (Zugang über Innentreppe in der Wohnung) vorgesehen. **Auftragsgemäß wird vom fiktiven Zustand nach ordnungsgemäßer Durchführung des Komplettausbaus der Etagenwohnung inkl. Dachterrasse ausgegangen.**

Objektbeschreibung

Lage

Das Bewertungsobjekt liegt im Ortsteil Winterhude von Hamburg. Die XYZ Straße liegt im Bereich des Bewertungsobjektes nur wenige Meter vom Alsterufer entfernt. Die XYZ Straße ist eine wenig frequentierte Wohnstra-ße. Das Umfeld weist mit diversen Schulen, Kita, Krankenhaus usw. eine gute Infrastruktur auf. Neben dem Alsterufer sind mit dem Touchépark und dem Feuerturmplatz Flächen vorhanden, die eine Begrünung aufweisen. Die Umgebungsbebauung besteht überwiegend aus 6-geschossigen Grün-derzeithäusern mit tlw. gewerblicher Nutzung im EG und tlw. ausgebauten Dachgeschossen.

Lage/Entfernungen:

Iseplatz: ca. 3,5 km
Hauptbahnhof: ca. 6 km
S-Bahn/U-Bahn: ca. 300 m (Isestraße)

Die Wohnlage wird insgesamt als einfach eingeschätzt und entspricht damit der Einstufung im Mietspiegel. Die spezielle Lage des Bewertungsobjektes (Endetagengeschoss mit Blickbeziehungen zur Alster) ist höher einzustufen.

Grundstück

Das Grundstück ist nahezu eben und hat einen regelmäßigen, rechteckigen Zuschnitt. Die Straßenfrontlänge an der nordöstlich gelegenen XYZ Straße beträgt rd. 18 m, die Grundstückstiefe rd. 26 m.

Stellplätze sind im öffentlichen Straßenbereich vorhanden. Die Stellplatzsituation ist angespannt.

Die üblichen Ver- und Entsorgungsleitungen (Wasser, Abwasser, Elektro, Gas) sind vorhanden.

Angabengemäß besteht Erschließungsbeitragsfreiheit. Hiervon wird nachfolgend ausgegangen.

Gebäude

Das 5-geschossige Gebäude, in dem sich das Bewertungsobjekt befindet, wurde um 1900 errichtet, ist voll unterkellert und befindet sich in einem sanierten Zustand. Es gliedert sich in ein Vorderhaus (geschlossene Blockrandbebauung) und einen rechten Seitenflügel. Die Erschließung erfolgt über ein zentrales Treppenhaus. Im Gebäude ordnen sich neben dem Dachgeschoss insgesamt 8 Wohnungen und 3 Gewerbeeinheiten an. Der Etagenausbau verläuft über das gesamte Dachgeschoss. Die Wohnfläche der zu betrachtenden Wohnung beträgt rd. 164 m^2, wobei die Dachterrassenflächen (Gesamtfläche rd. 36 m^2) anteilig mit 50 % (rd. 18 m^2) berücksichtigt wurden.

Im Erdgeschoss des Gebäudes XYZ Straße befinden sich u. a. drei kleine Ladengeschäfte und ein Schuster.

Die nachfolgenden Angaben beziehen sich überwiegend auf die Etagenwohnung, da weitere Wohnungen nicht besichtigt wurden und keine Angaben zu Konstruktion und Ausstattung vorliegen.

Baujahr:	um 1900 (Annahme)
Geschosse:	5 Vollgeschosse inkl. ausgebautes Dachgeschoss
Konstruktion:	Mauerwerksbau, Klinkersockel
Decken:	Holzbalkendecken, Entfernung der Schlacke, Blähtonschüttung
Fassade:	Glattputz, reichhaltige Stuckornamente straßenseitig, Hofseite schlicht, Balkonanbauten geplant
Dach:	Steilflächen im Randbereich, Flachdach im Innenbereich, Holzkonstruktion, Pappeindeckung, Warmdach, eine Dachterrasse als Eisen-Metallkonstruktion bzw. Dacheinschnitt, erneuerte Rinnen und Falleitungen
Treppenhaus:	Holztrittstufen, Holzgeländer
Fenster:	straßenseitig Kasten-Doppelfenster vertikal gereiht
Türen:	historische, profilierte Holztüren (Wohnungseingang)
Innenwände:	Glattputz mit Anstrich (Ökofarben), Sanitärbereiche teilw. raumhoch gefliest

Fußboden:	Parkett, Bereiche der Fußbodenheizung Estrich hochglanzversiegelt
Sanitär:	1 Wannenbad, 1 Duschbad, Marmor, Standelemente, hochwertige Designer-Armaturen
Elektro:	Gegensprechanlage mit Kamera, komplette Neuinstallation
Aufzug:	zeitnah geplant
Heizung:	Gas-Etagenheizung mit Warmwasserbereitung, Fußbodenheizung
Außenanlagen:	Innenhof begrünt, Fahrradstellplätze, Containerstellplatz

Der Zuschnitt der gesamten Etagenwohnung ist weitgehend offen und großzügig. Eine kleinteiligere Struktur (z.B. für die Anordnung getrennter Schlaf- oder Kinderbereiche) ist ohne größeren baulichen Aufwand realisierbar.

Zum Bewertungsobjekt gehört das Sondernutzungsrecht am Kellerraum Nr. 7.

**Nutzung /
Mieterträge** Eigennutzung bzw. Veräußerung

Grundstück

Die nachfolgenden Angaben wurden dem Teileigentumsgrundbuch entnommen.

Bezeichnung		
	Amtsgericht	Hamburg
	Grundbuch von	Alster Tantow
	Band	-
	Blatt	30769
	Gemarkung	Winterhude
	Flur	2
	Flurstück	243/19
	Miteigentumsanteil	1.479/10.000stel
	Gesamtgröße	**336 m², anteilige Fläche von rd. 50 m²**

Bodenwertermittlung

**Lasten,
Beschränkungen**

Gemäß Grundbuchauszug sind keine Lasten und Beschränkungen in Abt. II eingetragen.

Über Altlasten ist nichts bekannt, aus den Feststellungen bei der Ortsbesichtigung und der derzeitigen Nutzung ist kein Altlastenverdacht begründbar.

Über Baulasten ist nichts bekannt.

Altlasten-, Baulasten- und Planungsrechtsabfragen sind generell nicht Bestandteil von Kurzwertermittlungen. Von einer Lastenfreiheit wird nachfolgend ausgegangen.

Bodenwert

Laut Auskunft der örtlich zuständigen Geschäftsstelle des Gutachterausschusses von Hamburg ist für den Bereich des Bewertungsobjektes ein Bodenrichtwert von 370,-- €/m² inkl. Erschließung (Stichtag 01.01.2006) für Wohnnutzung und einer GFZ von 2,0 ausgewiesen.

Die tatsächliche GFZ beträgt überschlägig 4,3 (inkl. ausgebautes Dachgeschoss). Die Anwendung der für Hamburg ermittelten GFZ-Umrechnungskoeffizienten ist über eine derart große Spanne sachgerecht.

Unter Beachtung der tats. Ausnutzung, der speziellen Lagekriterien und der Erschließungssituation wird ein Zuschlag von 30 % als sachgerecht eingeschätzt und der Wert des Miteigentumsanteils am Grund und Boden mit 480, €/m² in die Bewertung eingestellt.

Grundstück (ertragswirksam), Anteil 50 m² x 480 €/m² =		24.000 €
Bodenwert ertragsw.		24.000 €
Bodenwert gerundet		24.000 €

Sachwertermittlung

Auf eine Sachwertermittlung wird unter Berücksichtigung des Objekttyps (ETW) nachfolgend verzichtet.

Vergleichswertermittlung

Zur Vergleichswertermittlung werden Verkaufsfälle vergleichbarer Eigentumswohnungen herangezogen. Hierbei wurden von der Geschäftsstelle des Gutachterausschusses 11 Vergleichsfälle von Etagenwohnungen in ähnlicher Lage aus dem Zeitraum seit 2006 zur Verfügung gestellt mit Wohnflächen von 121 bis 179 m². Der durchschnittlich erzielte Kaufpreis beträgt rd. 1.550 €/m² Wohnfläche. Die Kaufpreisspanne lag hier zwischen rd. 1.100 €/m² bis 2.290 €/m².

Angeboten werden derzeit ca. 13 Etagenwohnungen im näheren und weiteren Umfeld zwischen 1.500 €/m² und 2.660 €/m².

Unter Berücksichtigung der Objektlage nahe des Alsterkanals (Ausblick), der gehobenen Ausstattung und der Größe der Wohneinheit erscheint ein dem maximal erzielten Wert gemäß Kaufpreissammlung entsprechender Vergleichswert von 2.200 €/m² Wfl. angemessen und wird nachfolgend berücksichtigt.

Wfl. ETW	164 m²	x	2.200 €/m²	=	360.800 €
Vergleichswert					360.800 €
Vergleichswert gerundet					**360.000 €**

Vergleichswertermittlung (Beleihungswertvorschlag)

Vergleichswert			360.000 €
abzügl. Sicherheitsabschlag	10 %	./.	36.000 €
geminderter Vergleichswert			324.000 €

geminderter Vergleichswert, abgerundet **320.000 €**

Ertragswertermittlung

Die Wohnflächen wurden der vorliegenden Wohnflächenberechnung entnommen und um die Fläche der Dachterrasse erweitert (rd. 36 m², angerechnet 18 m²). Eine Plausibilisierung dieser Flächen erfolgte anhand der zur Verfügung stehenden bemaßten und maßstabsgetreuen Zeichnungen und im Rahmen der Ortsbesichtigung. **Von der Richtigkeit der Wohnflächen wird nachfolgend ausgegangen.**

Geplant ist die Eigennutzung der 164 m² großen Wohnung. Aus dem aktuellen Hamburger Mietspiegel errechnet sich eine ortsübliche Vergleichsmiete in Abhängigkeit von der Bezugsfertigkeit zwischen 7 EUR/m² (vor 1918) und 9 EUR/m² (Neubau). Derzeit werden Geschossmietwohnungen ab 150 m² Wohnfläche zwischen 6,50 EUR/m² (näheres Umfeld) und 22 EUR/m² (weiteres Umfeld, Hamburg-Alster) angeboten.

Als angemessen und nachhaltig erzielbar erscheint unter Berücksichtigung der speziellen Lagefaktoren (Kanalnähe, Blickbeziehung) sowie der Struktur und Ausstattung der Wohnung ein Mietansatz von 8 EUR/m².

Sämtliche Mieten sind Nettokaltmieten.

Der Eigentumswohnung wird nach abgeschlossenem Ausbau und im Zusammenhang mit der Bausubstanz des Gemeinschaftseigentums eine wirtschaftliche Restnutzungsdauer von 50 Jahren unterstellt.

Monatsrohertrag

164 m² Wfl.	x	8,00 €/m²	monatlich	= 1.312 €
				1.312 €

Jahresrohmiete	x	12 Monate	15.744 €
abzügl. Bewirtschaftungskosten	14 %	./.	2.204 €

(Verwaltung: 275 €
Inst.-rücklage: 164 m² x 10 €/m²
Mietausfallwagnis 2 %)

Jahresreinertrag					13.540 €
abzügl. Bodenwertverzinsung (ertragsw.)	24.000 €	3,5 %	./.		840 €
					12.700 €

Kapitalisierungsfaktor bei	3,5 %
50 Jahre RND	
Von 23,46	297.942 €
abzügl. Instandhaltungsrückstau ./.	0 €
	297.942 €
zuzügl. Bodenwert	24.000 €
Ertragswert gesamt	21.942 €
Ertragswert gerundet	**320.000 €**

Ertragswertermittlung (Beleihungswertvorschlag)

Nachfolgend werden ein Mindestkapitalisierungszinssatz von 5,0 v. H. sowie 5 % höhere Bewirtschaftungskosten verwendet.

Jahresreinertrag (5 % höhere Bewirtschaftungskosten)				12.753 €
abzügl. Bodenwertverzinsung (ertragsw.)	24.000 €	5,0 %	./.	1.200 €
				11.553 €
Kapitalisierungsfaktor bei	5,0 %			

	50 Jahre RND	
Von	18,26	210.958 €
abzügl. Instandhaltungsrückstau	./.	0 €
		210.958 €
zuzügl. Bodenwert		24.000 €
geminderter Ertragswert gesamt		234.958 €

geminderter Ertragswert abgerundet   **230.000 €**

Zusammenfassung

Vergleichswert	**360.000 €**
Ertragswert	**320.000 €**
Geminderter Vergleichswert	**320.000 €**
Geminderter Ertragswert	**230.000 €**

Marktwert (in Anlehnung an den Vergleichswert)   **360.000 €**
Beleihungswertvorschlag (in Anlehnung an den
Vergleichswert)   **320.000 €**

Marktgängigkeit

Die Wohnlage ist insgesamt als einfach einzustufen. Die speziellen Lage-eigenschaften des Bewertungsobjektes sind bezogen auf die allgemeine Wohnlage überdurchschnittlich (Kanalnähe, Terrasse mit Blickbeziehung zum Alsterkanal).

Die Wohnung eignet sich mit einer Fläche von 164 m², der großzügigen Struktur und der sehr hochwertigen Ausstattung in erster Linie für gehobe-nes Klientel zur Eigennutzung. Dieses ist im Stadtbezirk Winterhude einge-schränkt vorhanden.

Unter Berücksichtigung der o. a. Eigenschaften ist die Marktgängigkeit (ge-mäß Deutsche-Bank-Richtlinien) als sehr gut einzuschätzen.

Der vorstehenden Ermittlung liegen folgende Unterlagen zugrunde:

- Grundbuchauszug
- Teilungserklärung vom 30.06.1992
- Kopie einer Flurkarte
- Grundriss Etagenwohnung
- Wohnflächenberechnung
- Auskunft bei der zuständigen Geschäftsstelle des
  Gutacherausschusses
- Auskunft aus der Kaufpreissammlung

Anlagen:

Lage in Hamburg, Lage im Stadtbezirk, Auszug aus der Flurkarte,
Grundrisszeichnung,
Fotodokumentation

SCHLUSSWORT

Wenn Sie nun am Ende Ihre Wohnung umgestaltet haben, mit mehr oder weniger Eigenleistung, werden Sie an Erfahrungen reicher sein. An gewisse Dinge erinnern Sie sich ganz sicher nicht gerne. Ärger mit Handwerkern hat Ihnen schlaflose Nächte bereitet. Der Fundus an Erzählungen aber ist größer geworden – und nun, wo Sie durch Ihre fertige Wohnung gehen, da sind Sie stolz auf das, was Sie erreicht haben. Die Anfangsdiskussionen mit Ihrem Banker haben Sie längst vergessen. Ihre Euphorie wird Ihnen helfen, nun auch schnell die Raten abzuzahlen, vielleicht sogar durch Sondertilgungen.

Ganz sicher wird Ihnen auch trotz großer Vorsicht und Respekt vor den einzelnen Arbeits- und Organisationsschritten vieles einfallen, was Sie rückblickend versuchen würden, anders zu machen. Ich kann Ihnen aus Erfahrung sagen, dass dann andere Dinge passiert wären. Ganz ohne Ärger, Streit oder Auseinandersetzungen wird so ein Projekt nicht zu bewältigen sein. Aber dafür haben Sie auch eine ganze Menge Geld »verdient«. Eben wie im Urlaub – wenn Sie im Flugzeug sitzen und nach Hause fliegen, dann fallen Ihnen so manche Dinge ein, die Sie noch hätten machen können, noch einmal einen Kaffee in Ihrem Lieblingscafé trinken oder doch noch das eine oder andere Geschenk mitnehmen.

Zum Abschluss möchte ich Ihnen einen Kostenvoranschlag zeigen und noch einmal die einzelnen Positionen durchgehen. Ich bin mir sicher, dass dies eine gute Übung ist, nun am Ende mit einem zwinkernden Auge auf offizielle Kostenvoranschläge zu blicken. Gleichzeitig finde ich es gut, dass Sie verstanden haben, worum es in meinem Buch geht:

Sparen wo es geht; Eigenarbeit und Organisationstalent ausreizen und am Ende sicher zu sein, dass Sie Margen, die beim Wohnungs- oder Haus-Aus- und -Umbau möglich sind, für sich selbst nutzen.

Im folgenden Beispiel handelt es sich um eine 61 qm große Wohnung. Um mich nicht auf Berlin oder München festzulegen, nenne ich keinen Kaufpreis. Die Wohnung ist in einem mäßig verwohnten Zustand. Das Bad wird erneuert sowie die Elektroleitungen neu verlegt. Dazu werden die Wände geschlitzt. Außerdem werden die Heizungsrohre saniert, ein Durchlauferhitzer ausgetauscht und vorhandene Heizkörper verlegt. Ergänzt wird ein Handtuchtrockner im Bad. Auch ergänzt werden die Fenster – im Wohnraum wird ein Fenster nach unten zum Boden als Balkontür geöffnet. Im Flur soll ein alter Wand-Einbauschrank herausgerissen werden. Die Nische wird danach als Regal genutzt.

Na, wie viel können Sie auf den ersten Blick einsparen?

Gewerk 00 – Baustelleneinrichtung entfällt; Gewerk 12, Maureröffnung herstellen, um eine Terrassentür einzusetzen, entfällt ebenso – das können Sie selbst. Fliesenarbeiten in einem Bad versuchen Sie ebenfalls selbst. Estricharbeiten mit Fliessestrich bedeutet, dass Sie genau nach Anleitung einen Sack Fließestrich anrühren und diesen auf die alten Fliesen kippen. Die Masse fließt von selbst ins Lot. Am Ende haben sie eine gerade Fläche, auf der Sie die Fliesen anbringen können. Den Laminatboden lassen Sie bitte sein und entscheiden sich für Fertigparkett. Bei der Wohnungsgröße von 61 qm (abzüglich eines evtl. Fliesenbelags fürs Badezimmer brauchen sie ca. 53 qm) wird es Ihnen gelingen, einen zum gleichen Preis erhältlichen Parkettboden zu bekommen. Das Verlegen sollten Sie selbst versuchen!

Die Maler- und Lackierposition streichen wir ebenfalls. Sie kratzen die alte Tapete ab und bestellen einen Maurer, der Ihnen die Fensterlaibungen sowie die neuen Fenster anputzt, auch die Elektroschlitze schließt sowie die Macken vom Tapeteabkratzen ausbessert. Insgesamt wird der Maurer für 61 qm nicht mehr als einen Tag benötigen – somit bezahlen sie acht Arbeitsstunden!

Die Trockenbauwand im Badezimmer können Sie selbst einreißen und neu aufbauen, ebenso wird es Ihnen gelingen, die Wohnung allein durchzustreichen!

Insgesamt veranschlage ich anstatt der 22 373,65 Euro hier insgesamt 6 000 Euro. Dabei sind die Elektroarbeiten, Maurer- und Sanitärarbeiten von einem Fachmann übernommen worden.

Vielleicht beauftragen Sie noch einen Tischler, der für Ihr selbstverlegtes Parkett die Fußleiste anbringt. So werden kleine Macken und Schlitze, die zwischen Wand und Parkett verblieben sind, ausgebessert.

Keckl BAU   Hitudamm 18   10247 Berlin

Münchner Verlagsgruppe GmbH,
FinanzBuch Verlag
Endlich Meins! Marco Aldag
Nymphenburgerstraße 86

80636 München

Unser Zeichen   Telefon   Bearbeitung CK   Datum

Betreff: Angebot Umbau- u. Renovierungsarbeiten Teltastraße
87, 2.OG r., Köln
Badumbau und Renovierungsarbeiten gemäß Planungsstand vom
04.09.2011

Sehr geehrter Herr Aldag,

anbei finden Sie gemäß der Ortsbegehung vom 28.08.2011 unser Angebot zum oben genannten Bauvorhaben.
Das Angebot ist eine Zusammenfassung aller Gewerke. Die Einzelheiten
und Langtexte können bei einem Besprechungstermin erläutert werden.

Gewerk 00 Baustelleneinrichtung   342,00 €
             00.10   Vereinfachte Baustelleneinrichtung

Gewerk 12 Maurerarbeiten   678,28 €
             12.95   Türöffnung herstellen, Fensterbrüstungen ausmauern

Sie sparen bei 61 qm über 16 000 Euro … Na, das ist doch was! Wenn Sie noch mehr Zeit und Lust auf Kleinigkeiten haben, schauen Sie – wie in den Vorkapiteln erwähnt – nach Alternativen im Keramik-Badbereich und stöbern vielleicht einige Fliesenmärkte nach Alternativ- oder Auslaufserien durch. Ersteigern Sie sich einen Durchlauferhitzer sowie einen Handtuchhalter bei eBay, und bei den Schalterprogrammen schauen Sie nach Schaltern, die jemand anderes bei seiner Renovierung zu viel gekauft hat. Bei Ihren 61 qm brauchen Sie nicht so viel Material. Somit können Sie die Kosten noch einmal um 2 000 Euro drücken und haben qualitativ sogar noch eine viel bessere Ausstattung.

Dem Gutachter legen Sie die offiziellen Preislisten vor. Er sieht, dass diese Dinge verbaut wurden, und somit steht dem Geld, welches Sie zur Sanierung ausgeben, ein »Wertgewinn« gegenüber, entsprechend den »offiziellen« Preisen der verbauten Materialien wie z. B. Naturstein im Bad, Vollholzparkett in den Räumen sowie gehobenen Badkeramiken!

Der Gutachter wertet in der Gegend verkaufte Objekte in ähnlicher Ausstattung aus und wird Ihren Immobilienwert entsprechend einstufen.

Ich wünsche Ihnen gutes Gelingen und Kraft, den Um- oder Ausbau zu meistern. Sie schaffen das!

Gewerk 19 Abbruch – und Abrissarbeiten   **469,50 €**

19.01   den alten Wandschrank inkl. Tür ausbauen u. entsorgen

19.05   Raufasertapete und Strukturtapete entfernen u. entsorgen

Gewerk 23 Putzarbeiten   **1.054,46 €**

23.05   Verputzen der neuen Elektroschlitze, Ausbessern u. Verputzen von Innenwandflächen, Verputzen sämtlicher Fensterlaibungen

Gewerk 24 Fliesen- und Plattenarbeiten   **3.316,16 €**

24.05   Herstellen und Abdichten im Bad, Wand- und Bodenflächen verfliesen inkl. Herstellen einer Bordüre (Fliesenmaterialwert 24,00 €/qm), anschließend verfugen und alle Bauanschlüsse mit Silikon fertig stellen

Gewerk 25 Estricharbeiten   **269,16 €**

25.15   Fließenstrich herstellen und Ausgleich im Bad

Gewerk 27 Tischlerarbeiten/   **2.175,87 €**
Fensteraustausch R2, Küche und Bad

27.18   Herstellen, Liefern und Montieren von Kunststofffenstern weiß inkl. Innen- und Außenfensterbretter

Gewerk 28 Laminatboden   **1.619,10 €**

28.11   Fußboden mit Trittschallplatten komplett auslegen, Laminatfußboden anschließend verlegen (1. Wahl, Nutzklasse 23/33, Abriebklasse AC3, Dicke 7 mm

Gewerk 34 Maler- und Lackierarbeiten   **2.144,83 €**

34.10   Grundieren der Wand- und Deckenflächen, anschließend 2x gut deckend streichen nach Farbwahl des Bauherrn, Innentüren weiß lackieren

Gewerk 39 Trockenbauarbeiten   **605,74 €**

28.12   gemäß Planung neue Badezimmertrennwand und Rohrkästen herstellen

Gewerk 40 Heizungs- / Wassererwärmungsanlagen   **1.188,74 €**

40.55   Versetzen und Erneuern der Heizkörper in der Küche und Einbau eines Handtuch-Heizkörpers im Bad

Gewerk 45 Sanitärinstallation und -einrichtungen   **2.712,36 €**

45.10   gemäß Planung Sanitärinstallation in CU oder gleichwertig herstellen inkl. aller Abflussleitungen aus SML- oder HAT-Rohr. Die Einrichtungsgegenstände sind Markenprodukte. Armaturen in Chrom werden von der Firma XY geliefert und eingebaut, inkl. Duschwanne und Echtglasabtrennung sowie Elektrodurchlauferhitzer (elektronisch gesteuert)

Gewerk 53 Elektroinstallation   **2.225,19 €**

53.37   Die Elektroinstallation wird nach den VDE-Vorschriften hergestellt inkl. sämtlicher Unterverteilungen und Sicherungskästen. Der Installationsstandard entspricht der Euroklasse 3 gehobener Standard. In sämtlichen Zimmern werden TV- und TEA- sowie Netzwerk-Dosen vorgesehen. Die Einbauelemente sind von der Firma XX oder gleichwertig, Farbe weiß.

Nettoangebotssumme   18.801,39 €
19 % MwSt.   3.572,26 €

Brutto-Summe   **22.373,65 €**

Die Ausführungen und Abrechnungen unserer Leistungen erfolgt nach VOB. Dieses Angebot ist 6 Wochen gültig.
Wir hoffen Ihnen ein akzeptables Angebot unterbreitet zu haben – bei Fragen stehen wir Ihnen gerne zur Verfügung.

Mit freundlichen Grüßen

Claudia Keckl

NOTIZEN